熊谷空襲を忘れない市民の会（熊谷空襲75周年記念出版プロジェクト）編

最後の空襲　熊谷

8月14・15日　戦禍の記憶と継承

社会評論社

一九四五（昭和二十）年八月十四日から十五日にかけて、熊谷は米軍の「最後の空襲」を受け、市街地の三分の二が焼失し、二百六十六名が犠牲になった。

熊谷空襲から七十五年、体験者や戦跡が少なくなる中、この戦災の記憶を未来に繋ぐことが課題となっている。

本書は、新たな視点で熊谷空襲そして戦争を捉えたものである。

●目次

8月16日の朝　撮影　松岡信光氏
提供　熊谷市立熊谷図書館

熊谷空襲を語り継ぐ紙芝居、作者の清水昭治さんの家は、鎌倉町で染工場を営んでいた。戦時中は「清水航機」という飛行機の部品工場に転換され、熊谷空襲で焼失。

5 焼あと

5' 8月16日 焼あと一

6 防空ごう

12 芸備線

8 広島

9 学童疎開

10 引揚者

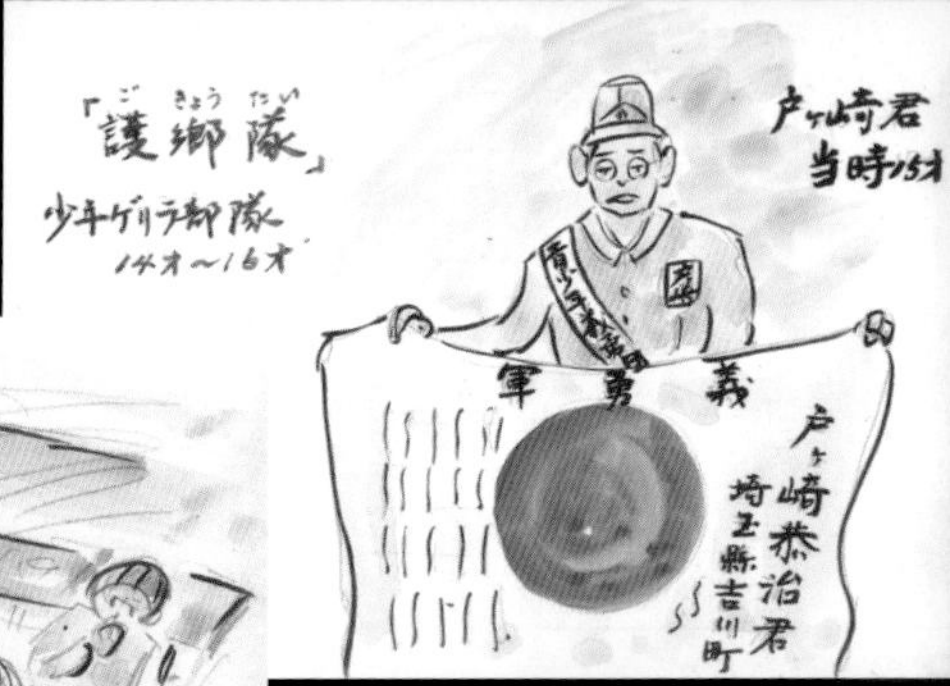

この一枚は最近追加されたもの。

此の時昭和十六年十二月八日

翼賛寫眞

大詔奉戴日の歌

一、天つ日の
光と仰ぐおほみこと、
おしいただいて一億が、
手に手をとつて感激の
涙とともに必勝を
誓つた此の日忘れまい。

二、あかつきの
太平洋の西東
御言に勇むますらをが、
萬里の波濤蹴散して、
電光石火敵膽を
奪つた此の日忘れまい。

三、四略す（海軍省許可濟第五七一號）

大政翼賛會宣傳部

わかもと本舗獻納

「手に手を取って感激の涙とともに必勝を誓った此の日を忘れまい」と戦意高揚

寫眞敎育

備《そな》へあれば憂《うれ》ひなし

今日《こんにち》の戰爭《せんそう》に於《お》て飛行機《ひこうき》の空襲《くうしゆう》ほど恐《おそ》ろしいものはありません。日本《につぽん》の飛行機《ひこうき》が支那海《しなかい》を越《こ》へて遠《とほ》く南京其他《なんきんそのた》支那《しな》の重要都市《じゆうようとし》を空襲《くうしゆう》したのと同《おな》じ様《やう》に、敵機《てき》が日本を空襲したらそれこそ大變《たいへん》です。私達《わたくしたち》は常《つね》に心《こゝろ》の準備《じゆんび》と防空《ぼうくう》の訓練《くんれん》をおこたらず、いつ敵機の空襲《ひさい》をうけてもびくともしない、そして爆擊《ばくげき》に對《たい》しても出來《でき》るだけ被害を防《ふせ》ぐやう、常《つね》に備《そな》へて置《お》かねばなりません。

寫眞は地下構築式防空壕《ちかこうちくしきぼうくうごう》（手前）と地上防空壕《ちじやうぼうくうごう》、圓内はその内部《ないぶ》

昭和十三年九月十七日（十）第四〇三號
昭和十三年四月二日 第三種郵便物認可
國民教育普及會

飛行機の空襲は大変恐ろしい。日本が中国の主要都市を空襲しているように、敵

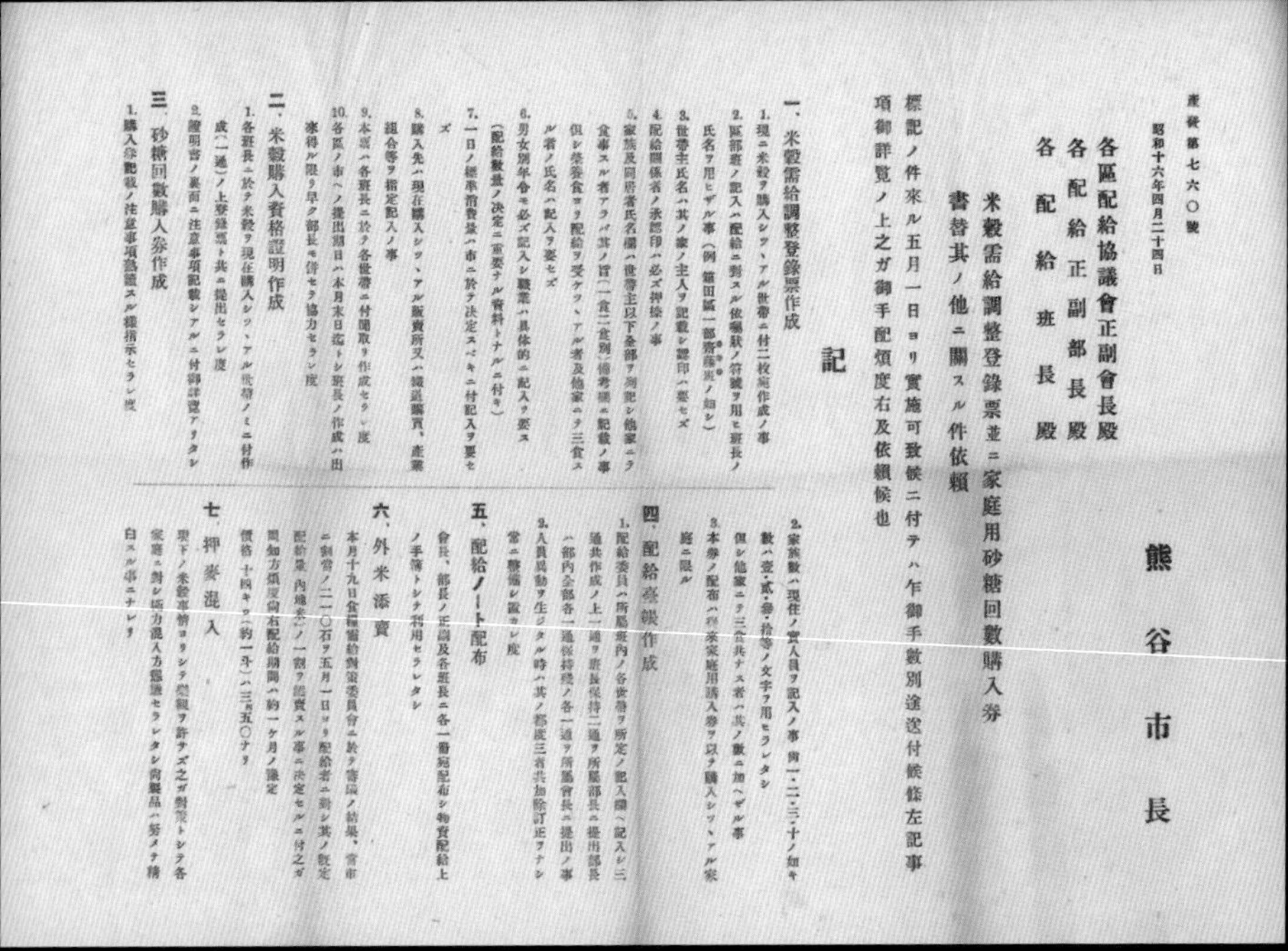

產發第七六〇號
昭和十六年四月二十四日

熊谷市長

各區配給協議會正副會長殿
各配給正副部長殿
各配給班長殿

米穀需給調整登錄票並ニ家庭用砂糖回數購入券
書替其ノ他ニ關スル件依賴

標記ノ件來ル五月一日ヨリ實施可致候ニ付テハ午御手數別途送付候條左記事項御詳覽ノ上之ガ御手配煩度右及依賴候也

記

一、米穀需給調整登錄票作成
1.現ニ米穀ヲ購入シツヽアル世帶ニ付二枚宛作成ノ事
2.區部班ノ記入ハ配給ニ對スル依囑狀ノ符號ヲ用ヒ班長ノ氏名ヲ用ヒザル事（例 熊田區一部齋藤班ノ如シ）
3.世帶主氏名ハ其ノ家ノ主人ヲ記載シ認印ハ要セズ
4.配給關係者ノ承認印ハ必ズ押捺ノ事
5.家族及同居者氏名欄ハ世帶主以下全部ヲ列記シ他家ニテ食事スル者アラバ其ノ旨（一食二食別）備考欄ニ記載ノ事
但シ榮養食ヨリ配給ヲ受ケツヽアル者及他家ニテ三食スル者ノ氏名ハ記入ヲ要セズ
6.男女別年令モ必ズ記入シ職業ハ具体的ニ記入ヲ要ス
（配給數量ノ決定ニ重要ナル資料トナルニ付き）
7.一日ノ標準消費量ハ市ニ於テ決定スベキニ付記入ヲ要セズ
8.購入先ハ現在購入シツヽアル販賣所又ハ撰選購買、產業組合等ヲ指定記入ノ事
9.本票ハ各班長ニ於テ各世帶ニ付聞取リ作成セラレ度
10.各區ノ市ヘノ提出期日ハ本月末日迄トシ班長ノ作成ハ出來得ル限リ早ク部長モ併セテ協力セラレ度
2.家族數ハ現住ノ實人員ヲ記入ノ事 尙一・二・三・十ノ如キ數ハ壹・貳・參・拾等ノ文字ヲ用ヒラレタシ
但シ他家ニテ三食共ナス者ハ其ノ數ニ加ヘザル事
3.本券ノ配布ハ從來家庭用購入券ヲ以テ購入シツヽアル家庭ニ限ル

二、米穀購入資格證明作成
1.各班長ニ於テ米穀ヲ現在購入シツヽアル世帶ノミニ付作成（一通）ノ上登錄票ト共ニ提出セラレ度
2.證明書ノ裏面ニ注意事項記載シアルニ付御詳覽アリタシ

三、砂糖回數購入券作成
1.購入券記載ノ注意事項熟讀スル樣指示セラレ度

四、配給臺帳作成
1.配給委員ハ所屬班內ノ各世帶ヲ所定ノ記入欄ヘ記入シ三通共作成ノ上一通ヲ班長保持二通ヲ所屬部長ニ提出部長ハ部內全部各一通保持殘ノ各一通ヲ所屬會長ニ提出ノ事
2.人員異動ヲ生ジタル時ハ其ノ都度三者共加除訂正ヲナシ常ニ整備シ置カレ度

五、配給ノート配布
會長、部長ノ正副及各班長ニ各一冊宛配布シ物資配給上ノ手簿トシテ利用セラレタレ

六、外米添賣
本月十九日食糧配給對策委員會ニ於テ審議ノ結果、當市ニ割當ノ二一〇石ヲ五月一日ヨリ配給者ニ對シ其ノ規定配給量內地米ノ一割ヲ添賣スル事ニ決定セルニ付之ガ周知方煩度尙右配給期間ハ約一ケ月ノ豫定
價格 十四キロ（約一斗）ハ三圓五〇ナリ

七、押麥混入
現下ノ米穀事情ヨリシテ精白ヲ許サズ之ガ對策トシテ各家庭ニ對シ極力混入方懇勸セラレタシ尙製品ハ努メテ精白スル事ニナレリ

米穀と砂糖の配給に関する通知

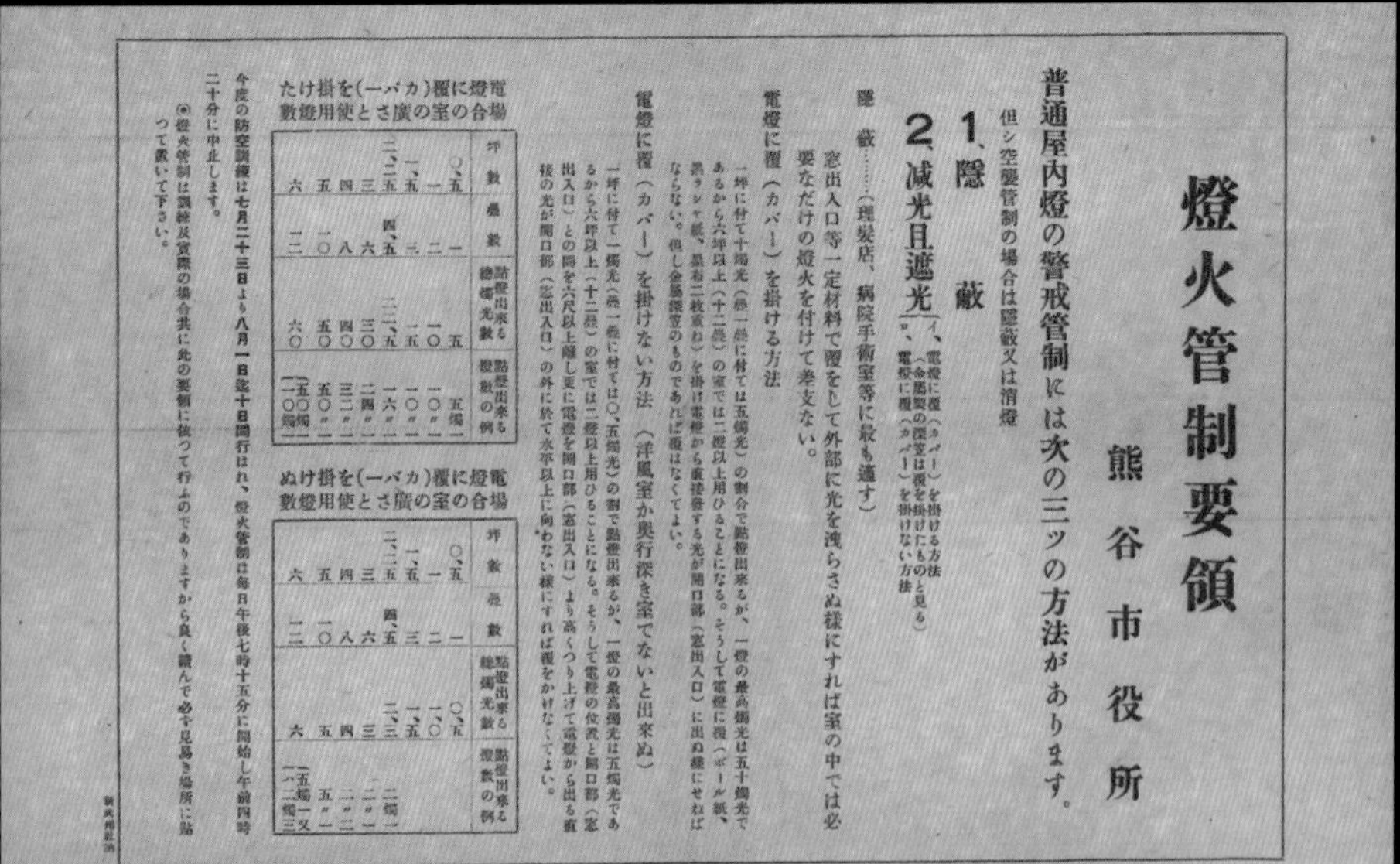

燈火管制要領

熊谷市役所

普通屋內燈の警戒管制には次の三ツの方法があります。
但シ空襲管制の場合は隱蔽又は消燈

1、隱蔽
2、減光且遮光 イ、電燈に覆（カバー）を掛ける方法（金屬製の深笠は覆を掛けたものと見る）
ロ、電燈に覆（カバー）を掛けない方法

隱蔽……（理髮店、病院手術室等に最も適す）
窓出入口等一定材料で覆をして外部に光を洩らさぬ樣にすれば室の中では必要なだけの燈火を付けて差支ない。

電燈に覆（カバー）を掛ける方法
一坪に付て十燭光（疊二疊に付ては五燭光）の割合で點燈出來るが、一燈の最高燭光は五十燭光であるから六坪以上（十二疊）の室では二燈以上用ひることになる。そうして電燈に覆（ボール紙、黑ラシャ紙、黑布二枚重ね）を掛け電燈から直接發する光が開口部（窓出入口）に出ぬ樣にせねばならない。但し金屬深笠のものであれば覆はなくてよい。

電燈に覆（カバー）を掛けない方法（洋風室か奥行深き室でないと出來ぬ）
一坪に付て一燭光（疊一疊に付ては〇、五燭光）の割で點燈出來るが、一燈の最高燭光は五燭光であるから六坪以上（十二疊）の室では二燈以上用ひることになる。そうして電燈の位置と開口部（窓出入口）との間を六尺以上離し更に電燈を開口部（窓出入口）より高くつり上げて電燈から出る直接の光が開口部（窓出入口）の外に於て水平以上に向わない樣にすれば覆をかけなくてよい。

場合の室の廣さと使用燈數
電燈に覆（カバー）を掛けた

坪數	燈數	點燈出來る總燭光數	點燈出來る燈數の例
〇、五	一	五	五燭一
一	二	一〇	一〇〃一
一、五	三	一五	一〇〃一
二、二五	四、五	二二、五	一六〃一
三	六	三〇	二四〃一
四	八	四〇	三二〃一
五	一〇	五〇	五〇〃一
六	一二	六〇	五〇燭一 一〇燭一

場合の室の廣さと使用燈數
電燈に覆（カバー）を掛けぬ

坪數	燈數	點燈出來る總燭光數	點燈出來る燈數の例
〇、五	一	〇、五	
一	二	一、〇	
一、五	三	一、五	二燭一
二、二五	四、五	二、三	二〃一
三	六	三	二〃二
四	八	四	二〃二
五	一〇	五	五〃一
六	一二	六	五燭一又 一燭一 二燭三

今度の防空訓練は七月二十三日より八月一日迄十日間行はれ、燈火管制は毎日午後七時十五分に開始し午前四時二十分に中止します。
◉燈火管制は訓練及實際の場合共に此の要領に依つて行ふのでありますから良く讀んで必ず見易き場所に貼つて置いて下さい。

灯火管制には３つの方法があると説明

家庭防火群
空襲!焼夷弾!!火災!!!
何故家庭防火群を作つたか!!
家庭防火群とはどんな組織なのか!!
焼夷弾とはどんなものか!!
各家庭ではどんな事をするのか!!
平常はどんな準備をしておくのか!
防空下令があつたらどうするのか!
空襲警報の発令があつたらどうするのか!
焼夷弾が落されたらどうするのか!
家庭防火群はどんな事をするのか!!
平常はどんなことをするのか!
防空下令があつたらどうするのか!
空襲警報の発令があつたらどうするのか!
(本紙は必ず読んで実行し永く保存して下さい)
熊谷警察署・妻沼町役場
熊谷市 新武州印刷所

空襲に際しては消防団では間に合わないから家庭防火群をというポスター

御案内状

聖戦六年に當り偲ばれるは只管前線活躍の皇軍勇士の艱苦で御座います、それにつけても英霊御家族出征軍人家族の御苦勞も又一方ではないと誠に感謝に堪へぬ次第で御座います、就きましては今回御當地の両御家族招待慰安會を移動慰問協會主催にて催さるゝ事と相成りました故御多用御一層の折一日を割愛されまして熊谷市櫻堤下假設大演藝場へお越し下さいますやうお願ひ申上ます

昭和十八年四月

御遺家族
出征御家族 殿

主催
金丸 東亞曲馬團
山丸 娯樂演藝館
志部 少女珍物大會
移動慰問協會
三社興行部大會

急告

だれにも面白い建全娯樂、スリルと美と力の祭典、斯界の王者内容全く改善致し御當地初めて公演、日本一サーカス、ラクダ、ライオン、馬、犬、猿等百有餘名の青春陣!!

英霊遺家族
出征家族

日時 自四月三日 至四月十五日 節電のため夜間なし 日曜、祭日午前十時平日正午
場所 熊谷市櫻堤假設大演藝場

慰安御招待券 一枚 一名限り

部志 珍物巡行部

日時 四月三日ヨリ
場所 熊谷櫻堤假設大演藝場
英霊・出征遺家族
銃後**優待券**（一枚一名）
入場料 大人 八〇錢ノ處五〇錢（税共）
金丸東亞サーカス團
節電の爲夜間なし

切取御使用願ひます

日時 四月三日ヨリ
場所 熊谷櫻堤假設大演藝場
英霊・出征遺家族
銃後**優待券**（一枚一名）
入場料 大人 四〇錢ノ處二五錢（税共）
丸山娯樂演藝館
節電の爲夜間なし

切取御使用願ひます

日時 四月三日ヨリ
場所 熊谷櫻堤假設大演藝場
英霊・出征遺家族
銃後**優待券**（一枚一名）
入場料 大人 四〇錢ノ處二五錢（税共）
丸山娯樂演藝館
節電の爲夜間なし

日時 四月三日ヨリ
場所 熊谷櫻堤假設大演藝場
英霊・出征遺家族
銃後**優待券**（一枚一名）
入場料 大人 八〇錢ノ處五〇錢（税共）
金丸東亞サーカス團
節電の爲夜間なし

切取御使用願ひます

日時 四月三日ヨリ
場所 熊谷櫻堤假設大演藝場
英霊・出征遺家族
銃後**優待券**（一枚一名）
入場料 大人 八〇錢ノ處五〇錢（税共）
金丸東亞サーカス團
節電の爲夜間なし

切取御使用願ひます

日時 四月三日ヨリ
場所 熊谷櫻堤假設大演藝場
英霊・出征遺家族
銃後**優待券**（一枚一名）
入場料 大人 八〇錢ノ處五〇錢（税共）
金丸東亞サーカス團
節電の爲夜間なし

桜堤の会場で開催されたサーカスへの英霊遺族と出征家族への招待券及び優待券
（※掲載した６枚の当時の資料は、菊地　勇さんに提供していただきました）

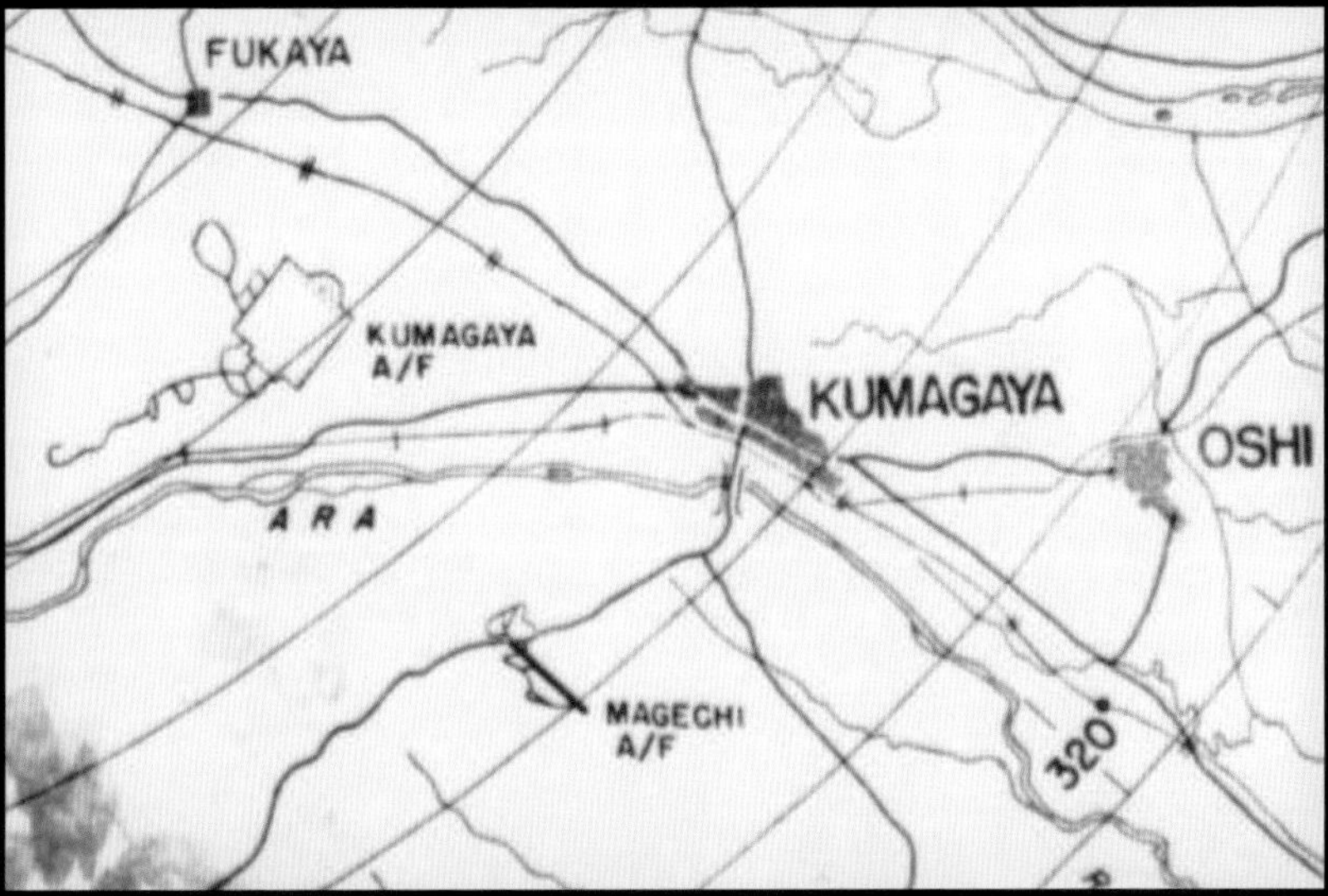

上掲と次頁の写真は、国立国会図書館のデータベースから取得した米軍の熊谷空襲に関する報告書の一部である。次頁は熊谷空襲を行った後、街の損傷結果を評価したもの。さらに詳しい説明は、資料編を参照。拡大してみると西の熊谷航空工業及び北の熊谷中学などは焼失していない。（理研は60%程度焼失とされている）。熊谷駅周辺や熊谷寺から高城神社にかけてもそれほど焼失していない。しかし写真では黒く表されているところでも、区域全体の焼失は免れても個別に被災している様子は確認できる。

上の地図を見ると、熊谷飛行場（陸軍熊谷飛行学校）と万吉飛行場（小原飛行場）が表示されている。小原飛行場は、誘導路などもほぼ正確に描かれている。ところで、熊谷飛行学校にも誘導路、グライダーの滑空場（現在の籠原団地あたりと言われている）なども描かれているようだ。私たちが今まで想像していたより、はるかに大きな規模だったことがうかがえる。

（熊谷航空工業などの位置は編集部で挿入）

本書編集委員の米田主美さんの父親は、陸軍熊谷飛行学校の教官で、1945年3月に特攻隊を率いて九州上空で戦死している。残されたアルバムから飛行訓練や整備訓練の様子を掲載。

成田国民学校から龍淵寺学寮に帰る学童たち
（熊谷市の昭和史　田倉米造編より掲載）

学童疎開

疎開とは軍事用語で、歩兵部隊が部隊間の間隔をあけて前進することをいう。敵の攻撃による被害を最小限に抑える戦闘方式で、転用され使われるようになる。1940 年陸軍参謀本部は、「空襲を恐れ都市を放棄して避難するは都市の壊滅、我が国の敗北」としていた。危険を避け逃げるなどもってのほかということ。ところがアジア太平洋戦争が泥沼化してくると、1943 年 12 月には「都市疎開実施要綱」が閣議決定され、疎開が勧奨されるようになる（縁故疎開）。さらに 1944 年になるとサイパン島の陥落など本土空爆が時間の問題となった。政府は、「一般疎開促進要綱」を閣議決定し、都市防空に不要な人々であるこども、病人、妊婦、老人などの疎開を進めた。足手まといということである。なかでも容易に疎開させることができる国民学校児童に絞り、集団疎開が進められた。熊谷地域には京橋区の 3 つの国民学校の学童約 630 人が 15 の寺院に疎開してきた（資料編参照）

石上寺の焼けた弘法大師像

〝お顔に火傷のある弘法大師像〟は先代が病気に倒れた後、「絶対になおしてはならぬ、代々申し送るように」と岡安住職に伝えられた。

熊谷空襲の夜、厨子の中にはご本尊四体とその大師像、そして、宗派の本尊である興教（こうぎょう）大師像があった。

『本堂全体が炎上し、父は水を被って、低い姿勢になって堂内に入り、仏像を救い出しました。隅にあった大師像は最後になってしまい、父は失神しましたが、天井が焼け落ちて、風圧で観音開きの扉が開きました。お陰で、本堂の入り口近くで倒れているのを、母と祖母に助け出されたそうです。父は「申し訳ない」と繰り返していました』

（埼玉県立熊谷女子高等学校美術部）

星川の灯篭流し

お盆の送り火に合わせて行われている灯篭流し。1945（昭和 20）年 8 月 14 日夜半から 15 日未明にかけて、熊谷は米軍の最後の空襲により市街地の三分の二が焼失した。中でも星川では避難した市民約 100 名が犠牲になった。1950（昭和 25）年から、熊谷仏教会と星川保勝会は、毎年 8 月 16 日の夜、星川で「灯籠流し」を行っている（現在は星川とうろう流し実行委員会が主催）。この日は、熊谷空襲の犠牲者 266 人の霊を慰め、戦争の悲惨さを忘れないために、多くの市民が参加。2020 年 8 月 16 日は、コロナ禍のため市民参加の灯篭流しは中止を余儀なくされたが、石上寺と円照寺の住職の読経と富岡熊谷市長など３名により灯篭が流された。

刊行に寄せて

熊谷市長　富岡　清

このたびは『最後の空襲・熊谷』の刊行、おめでとうございます。本市は今から七十五年前の終戦前夜、「熊谷空襲」により市街地の約三分の二を焼失し、二百六十六人の尊い命を失いました。その戦争の戦禍を二度と繰り返さず、平和の尊さを次世代へ繋ぐために、毎年八月には市役所ロビーで「平和展」を行い、広島・長崎の原爆の日と終戦記念日には中央公園で「平和の鐘」を鳴らしております。また、平成十八年には「熊谷市非核平和都市宣言」を行い、県内唯一の戦災指定都市として、社会と人類の恒久平和の実現を目指しております。今回刊行された書籍は、高校生による熊谷空襲体験者へのインタビューを収録するなど、熊谷空襲の記録と次世代への継承を目指した、非常に意義のある内容であり、終戦から七十五年がたち、戦争体験者が少なくなる中、本書は平和の継承の道しるべとなる書籍であると感じております。最後に、本書の編集・刊行にご尽力された方々、特に貴重な体験談をお話しいただいた熊谷空襲体験者の皆様に感謝申し上げ、刊行にあたってのお祝いの言葉とさせていただきます。

熊谷大空襲

森村誠一

昭和二十年（一九四五）八月十四日の夜、私はいつものように身の回りの品を詰めたリュックサックを枕元に置いて寝ていた。

突然、父親に枕を蹴飛ばされて起き上がると、周辺が真昼のように明るくなっていた。

一家五人、かたまって近くの星川という小川に避難した。火から水を連想したのである。

いったん川に逃れた父親は、ここは危険と察して、すぐに猛火に包まれている通りの真ん中を、モーゼの十戒のように、水ならぬ火の壁の谷間を伝うようにして、市外へ逃げた。すでに聞き及んでいた広島、長崎の、新型爆弾による壊滅を、父親は連想したらしい。

市内の中央部にいたのでは助かる命も助からなくなると判断した父親が、火の壁の中を、一家を先導して安全圏に避難したのである。

ようやく安全圏に達した家族を抱えて、ほっとしたらしい父親は、私に、

「誠一、よく見ておけ。おまえの町が燃えている」

と言った。

翌日、一望の焦土と化した中、我が家の跡地を探して星川の岸を伝った。星川は死屍累々としていて川底が見

えなかった。その中に顔なじみを発見した。父の判断が一歩遅ければ、遺体に自分たちも加わっていたのである。まだ余熱の冷めない我が町の中に、ようやく探し当てた我が家の廃墟に立って、飼っていた猫を探したが、帰って来なかった。

数日して、ようやく余熱が鎮まり、焼け跡に入って後片づけができるようになった。まだ使えそうな焼け棒杭を拾い集めてバラックをつくる。私も父親に手伝って働いていた。

隣家との境の路地に一個の南瓜が落ちていた。菜園からだいぶ離れているその場所に、なぜ南瓜が落ちているのかと不思議におもった私が手を伸ばすと、南瓜はぐちゃりと潰れて、中から黄色い果肉がはみ出した。同時になんとも言えないいやなにおいが吹きつけてきた。よく見ると、南瓜と見えたのは人間の焼けた頭蓋であった。

それ以後、私は南瓜を食する都度、焼け跡で発見した人間の頭蓋をおもいだす。焼けた人間の脳味噌は、南瓜の黄色い果肉によく似ていた。

胴体は少し離れたところに横たわっていた。近所の人ではなく、逃げ遅れた市民のようであった。なぜ首がちぎれたのかわからない。私は焼けた南瓜のような人間の頭蓋を見たとき、星川の川底を埋めた死者の群と共に、いま自分が見て体験していることを、いつの日か書きたいという衝動をおぼえた。

いつ、どんな形かわからないが、書いて、それを発表したいという突き上げるような衝動であった。この経験が、私がものを書く方面を志した原体験と言えよう。

「遠い昨日、近い昔」バジリコ／角川文庫刊より

扉絵　佐通真由美

第一章

熊谷空襲とその時代

熊谷空襲とその時代

大井 教寛

はじめに

元号が「平成」から「令和」と変わり、二年目となった。このバトンタッチについて、平成の「平」と令和の「和」で「平和」のバトンタッチという識者もいた。平成の三十年間は、日本はバブルの崩壊など、経済的に非常に厳しい時代で、国内的には東日本大震災やオウム事件などの大きな災害・事件があり、対外的には自衛隊のＰＫＯ派遣問題などもあった。しかし日本に関してはおおむね平和を享受した時代であったと言えるだろう。

よく「戦後は終わった」と発言する政治家がいるが、戦後が終わるということは、「戦前が始まっている」ということを意味する。この戦後とは、言うまでもなく第二次世界大戦後を指す。昭和十六年のハワイ真珠湾攻撃から始まるとされるいわゆる太平洋戦争は、日本にとっても世界にとっても、現在の世界の枠組みや政治経済を考える上で、そして今後の世界平和を考える上で、重要なターニングポイントであり、人類にとっての苦い記憶であり、二度と戦争をおこさないために、次世代へとその記憶を繋いでいかなくてはいけない傷跡である。今年は戦後七十五周年の節目の年にあたる。これを機にその記憶を振り返り、現在の、そして未来の私たちの進むべき「道しるべ」とする必要があろう。それが真の「平和のバトンタッチ」となると考える。ここでは当時の社会情勢や市民の生活を振り返り、そして終戦前夜に行われた「熊谷空襲」について現在までにわかっていることを、資料等を踏まえて確認していきたい。

戦争への道・戦時中の生活の様子

真珠湾攻撃から本土への空襲

それでは太平洋戦争の勃発から東京大空襲までの経緯について、簡単に概略を見ていきたい。太平洋戦争の開始については、日本軍の真珠湾攻撃から始まるとされている（注1）。昭和十六年十二月八日未明のハワイ・パールハーバー（真珠湾）への奇襲がそれである。この攻撃が奇襲であるか否かについては検討の余地があるようである。というのは昭和十二年に起こった盧溝橋事件から始まる日本の中国大陸への軍事進出について、日本軍の対中国撤退などの要求を、日本政府は米国のハル国務長官との間で交渉していたからである。しかしながら日本国内ではこの交渉条件をのむことはできないという意見が大勢をしめ、交渉打ち切り、つまり宣戦布告と攻撃のタイミングについての議論が行われていた。最終的には「交渉打ち切り勧告」を攻撃開始三十分前にハル国務長官に渡すという段取りが決定されたが、日本のワシントン大使館がその「覚書」の暗号解読、清書に手間取り、結局、米国側へ宣戦布告が攻撃よりも後になってしまったために奇襲となったとされている。

これにより日本は太平洋戦争へと突入し、わずか半年足らずで東南アジアのほとんど全域を制するようになった。しかし昭和十七年六月のミッドウェー海戦で日本軍が惨敗する。この時すでに日本軍側の暗号は解読されていたという。そして日本本土への空襲は昭和十七年四月から始まっていた。昭和十八年四月には連合艦隊司令長官の山本五十六がソロモン諸島ブーゲンビル島で戦死。これも暗号解読によるものとされる。こうした劣勢の状況の中、昭和十九年十一月から首都圏に対する空襲が本格化し、昭和二十年三月の東京大空襲へと繋がっていくのである。

戦時中の生活

①物資の統制・金属の供出

太平洋戦争における東京大空襲までの全体的な経緯はざっくりと見たが、実際の戦前・戦中の市民生活がどのように変化していったのかを確認していきたい。それには生活物資の状況がどのように変化したかを辿ることで、当時の生活状況を垣間見ることができる。

まず昭和十三年四月に「国家総動員法」が制定される。これにより物資の統制も行われるようになった。この前年、昭和十二年に盧溝橋事件が起こる。日本軍の夜間演習中に起こった発砲事件だが、これを契機として日本軍は中国へ進出していく。日中戦争の始まりである。また日独伊防共協定を結び、それが昭和十五年の三国同盟へと繋がっていく。昭和十三年とはそうした時代背景の中、日本国民全体が戦争のうねりの中に放り込まれていった時期といえるだろう。

振子がガラス製の振子時計

そして昭和十六年八月に「金属回収令」が布告される。生活の中で使われていた金属類が全て回収され、軍事備品等へと転用されていく。熊谷市立熊谷図書館美術・郷土資料展示室で収蔵・保管されている熊谷空襲関連資料の中にも、振り子時計の振り子部分がガラスになっていたり、引き戸の滑車が陶器でできていたりする代用品が収蔵されている。それは寺院などの宗教施設も例外ではなく、昭和十七年五月に寺院の仏具・梵鐘などを強制的に回収する政令が発布された。熊谷市内の例を挙げると、熊谷市太井の福聚院はこの回収令で供出したために梵鐘が無くなってしまった。現在の梵鐘は、供出したが軍事転用を免れたものを戦後に購入したもので、刻まれている寺院名は今の高崎市の廃寺になった寺院の名称となっている。また、熊谷市立熊谷図書館三階の郷土資料展示室（常設展示室）の熊谷空襲に関する展示コーナーで、福聚院や鎌倉町に所在する石上寺の陶製の仏具が展示してあるが、これもまた金属の仏具が供出にあったために、陶器で代用制作した仏具である。このようにして生活の中から鉄が無くなっていった。

②切符配給制の生活

さて、金属類の回収令について見てきたが、今度は市民の生活に直結する生活必需品について検証したい。

まず昭和十三年に「綿糸配給統制規則」が制定され、国内の綿糸の消費量が規制される。綿製品は服飾類などに直結し、つまりは市民の衣服が制限されていくこととなる。当然、華美な服装は控えるようになり、また複数枚の衣類の購入なども消費量の制限から難しくなってくることは想像に難くない。昭和十四年には「電力調整令」が発布される。この直接の原因は当時の異常渇水によるものだが、これにより、市民の電力消費量も規制されるようになる。昭和十五年に砂糖・マッチの切符制が始まり、生活必需品が手に入りにくくなる。切符制とは国からの配給制の一つで、自分が必要とする商品の配給切符と呼ばれる紙を持っていないと交換することができない制度で、これにより必要な時に商店で自由に買うことができず、また切符制なので交換する量も制限されることになる。昭和十六年には「米穀配給制」が始まる。これは実は昭和五十六年まであった制度だが、昭和十七年に「米穀通帳」がつくられ、これに記載することでお米を手に入れることができるようになった。この「米穀通帳」は身分証明書の機能ももち、昭和四十四年に自主流通米制度ができるまで実際に使われていた。ともかくもこれにより

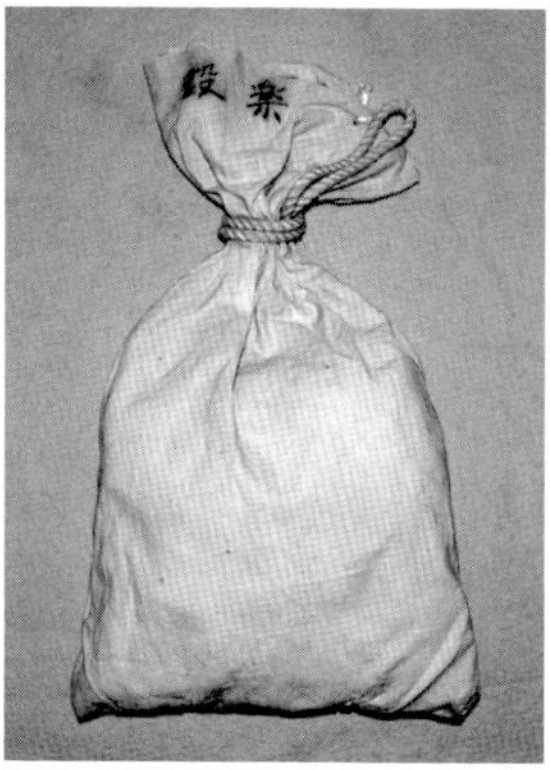

配給袋

市民の主食であるお米も制限されるようになったのである。そして同じく昭和十七年に「衣料総合切符制」が制定される。昭和十三年の綿糸配給統制規則からさらに現実的に衣料、衣服そのものの制限を行うようになっていった。

　このように生活に直結する物資に切符制度、配給制度が実施されていくことになったが、実際は切符制になったとしても生活物資そのものが不足していたため、切符があっても手に入らないことが多かった。戦争状態は国内総生産（GDP）の二倍や三倍を消費するようになる。そうなるとすでに敗戦状態だが、そうであっても軍事物資や戦争継続のために国内の物資を消費していく。いくら切符を配給されたとしても、実際の物資がなければ市民の手元にモノが配給されないのは当然であろう。またそのような状況下の物資であるので、例え手に入ったとしても粗悪品ばかりで用が足らない製品も多かった。例えば脛に巻くゲートルは、太平洋戦争初期のものは絹製品で柔らかく大変質の良いものがつくられていたが、戦争末期になるとスフ（スラープルファイバー）、つまりレーヨン製の固くて弾力がなく、ゴワゴワしてすぐにほつれていくものになっていく。市民生活を制限して軍事関係に物資を回していたとしても、軍事製品そのものが粗悪品になっていくのであるから、市民の手元に物資が届くはずもなく、市民生活はますます苦しいものになっていく。こうした慢性的な物資不足下での統制配給は闇取引、俗に言う「闇市」を誘発することになり、大変高額な値段で商品が取り引きされるようになってしまった。

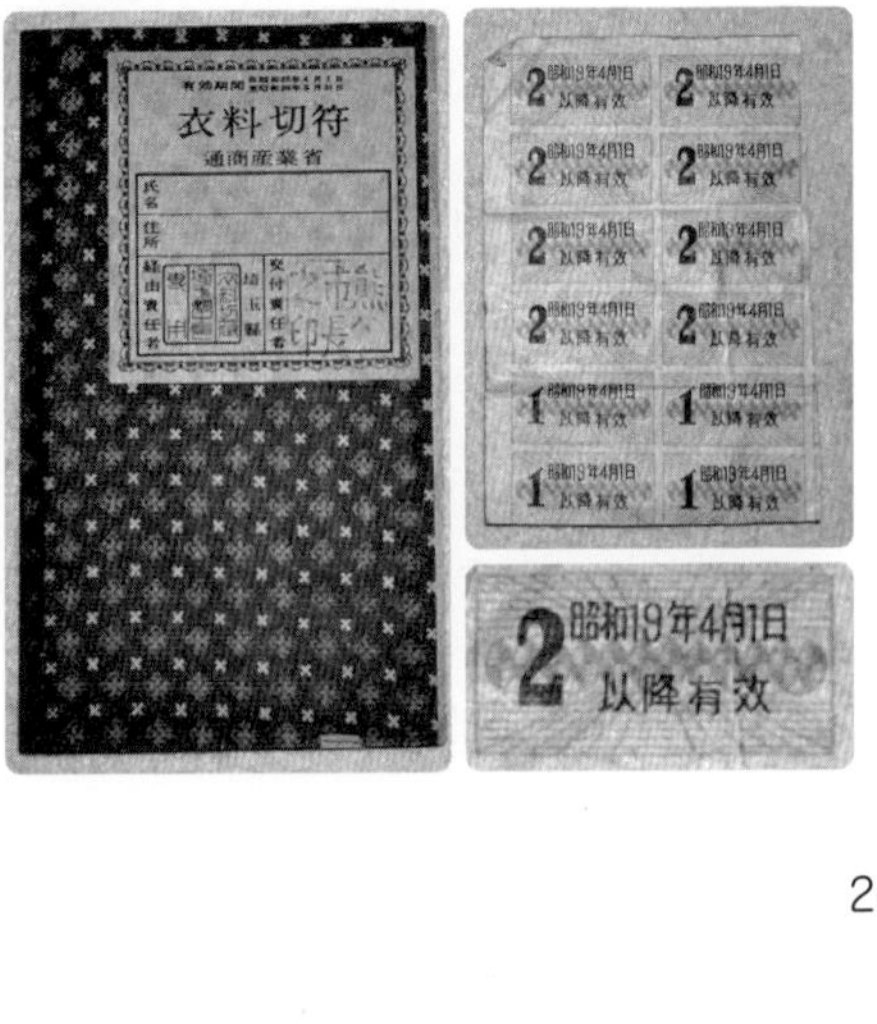

衣料切符（右下は切符部分の拡大）

③衣服の変化

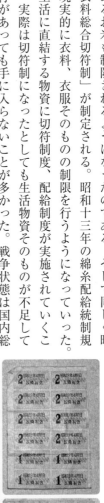

　こうした切符配給制の中での生活様式の変化として、衣服を一例に挙げて見ていきたい。昭和十六年頃から、男性は国民服を着るようになる。これは戦時下の物資統制令下において国民の衣生活の合理化、簡素化を目的として昭和十五年に法制化された「国民服令」によって規定されている衣服である。主に男子が着る衣服で、襟の形によって甲型と乙型に分かれ、襟が返っている甲型は年配者に好まれ、詰襟型の乙型は若者に好まれて着られるようになった。その後昭和十七年に、厚生省が婦人改良服を考案、「婦人標準服」と名づけられた。特にモンペは、着物を着て育った女性たちからは最初は敬遠されたが、着物と違って有事に動きやすい服装として重宝がられるようになった。そして戦争が激化し、木綿地もなくなって手に入らなくなってくると、持っていたよそゆきの衣服までもモンペに作りなおすようになった。

　さらに、衣服だけでなく頭上の備えとして防空頭巾も作られるようになった。火の粉や爆弾の破片、爆風で飛び散るガラス片などから身を守るため、外出するときは必ずかぶるようになった。子どもたちも学校の机には常備しておき、有事への備えとした。

　こうして、切符配給制とはいいながらも、物資の枯渇により生活に欠かせない衣服ですら統制・規制されて、また生地すら手に入らないような状況下での生活を強いられるようになっていった。

④防空訓練と防空壕

　アメリカ軍の本土への空襲が激化してくると、都市部では空襲に対する備えとして、組織的な防空訓練を行うようになった。それに先立って昭和十二年に「防空法」が制定されており、熊谷の市街地でも十軒前後が単位となって隣組が組織されて訓練を行うようになる。家々の前には防火水槽、バケツ、

標準服と国民服

火ハタキなどが用意され、焼夷弾が家屋に落下したことを想定し、消火のために火ハタキではたいたり、防火水槽から水を汲みバケツリレーを行う防空訓練や、怪我をした人がいることを想定し、包帯巻やタンカでの移動を行う看護訓練など隣組対抗で早さを競い、有事に対する対処を学んだ。また毒ガスがまかれたことを想定してガスマスクを装着しての訓練なども行った。

　そして女性たちは「銃後の守り」として、愛国婦人会や国防婦人会を各地域ごとに組織し、慰問活動や出征兵士の家の手伝いなどを行い、これらの会は昭和十七年に大日本婦人会に統合され、継続して活動を行った。

　さらに各家庭では防空壕をそれぞれの家の敷地内に設置することが義務付けられ、各家庭で土間下や庭などに防空壕を作り、空襲への対処とした。敷地内に防空壕が設置できない家庭などへの対応として、何軒か合同で道路に簡易的な防空壕を作ることもあった。しかし、実際に熊谷が空襲されると、防空壕の中に避難したがために防空壕内で命を落とす市民も数多くいた。

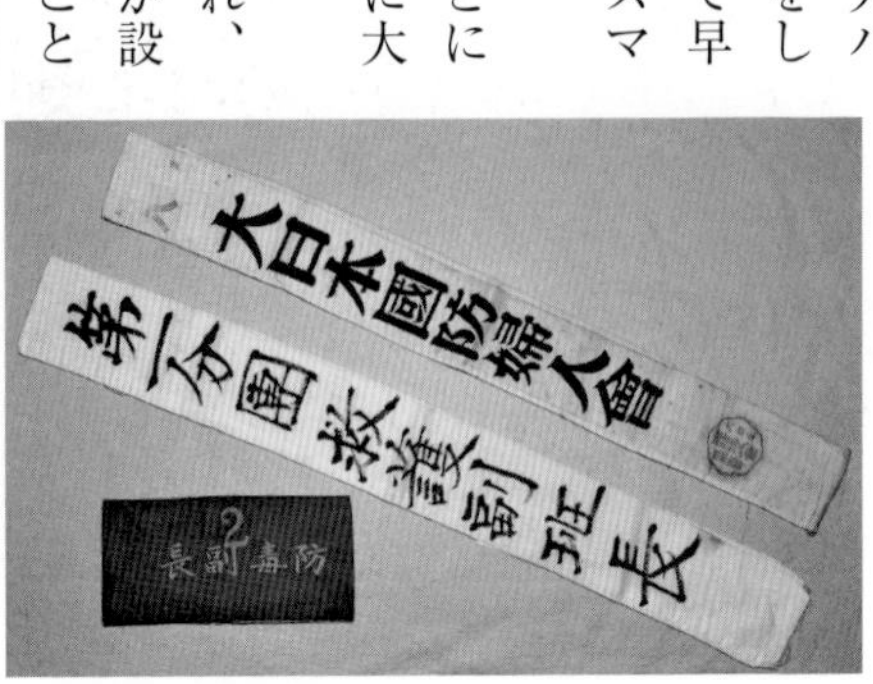

大日本国防婦人会関係資料

⑤ 戦争と子ども

　日本が戦争に突入すると、大人の生活だけでなく、子どもたちの世界も戦時色一色に染まるようになり、戦争に駆り立てられていった。昭和十六年に「国民学校令」が制定され、尋常小学校から国民学校へと改称されるとともに、軍事教練なども授業に組み込まれ、さらには教科書も戦時色の強い内容へと変わっていった。

　少年少女向けの雑誌や図書なども戦記物が中心に掲載されるようになり、言論および用紙の統制で外国物は改題や廃刊になったものも多かった。遊びも戦争ごっこが盛んになり、おもちゃについても非常に戦時色の強い和歌による「愛国百人一首」がつくられたり、「軍人将棋」や「大東亜戦争ゲーム」など戦争に関連するおもちゃが発売され、子どもの意識の中にも戦争が入りこむようになる。

また東京の子どもたちは「学童疎開」として、地方都市への避難を行った。熊谷には東京の京橋区の京華国民学校の生徒三〜六年生 二百六十人余りが市内の龍淵寺や一乗院など六ヵ寺に分散して生活し、集団生活を余儀なくされた。終戦後もすぐには帰京せず、全員の帰京が終了したのは昭和二十一年三月だった（注2）。

出征・市民と軍隊

①出征

明治六年、国民の兵役義務に関する「徴兵令」が発令されると、青年男子は兵役を課されるようになった。さらに明治二十二年には「徴兵令」は法律となり、国民皆兵の原則が確立されることとなる。そして昭和二年には「兵役法」が制定され、男子は十七歳から四十歳までが兵役に就くことが定められた。前年の十二月一日から当年の十一月三十日までに満二十歳に達する青年男子を徴兵適齢者といい、徴兵検査を行って健康状態によって合否を決定、合格したものは徴集を受けて兵役に服すこととなる。しかし戦争が長期化するにつれてこの徴兵適齢も引き下げられ、多くの男子が

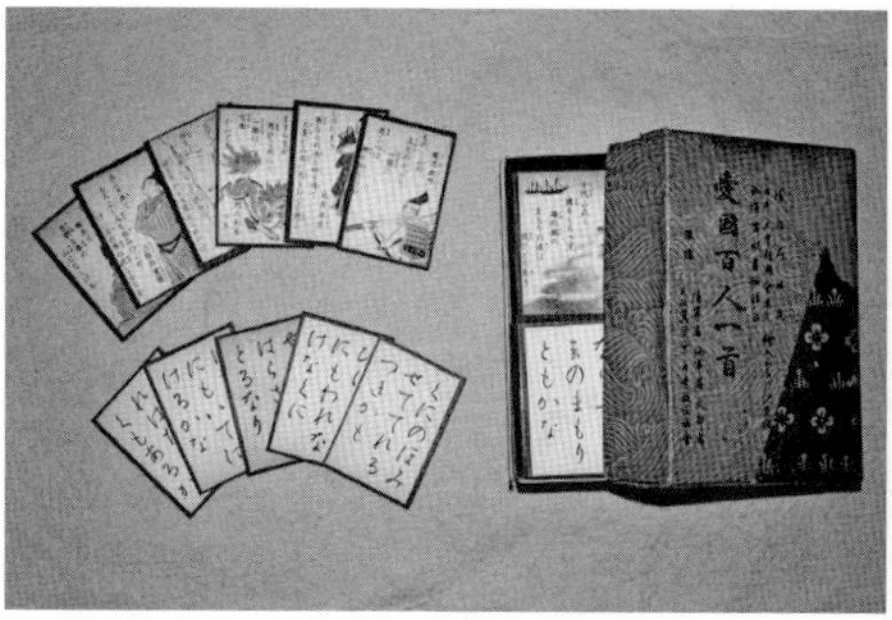

上　愛国百人一首
右　龍淵寺に疎開した京華国民学校の学童

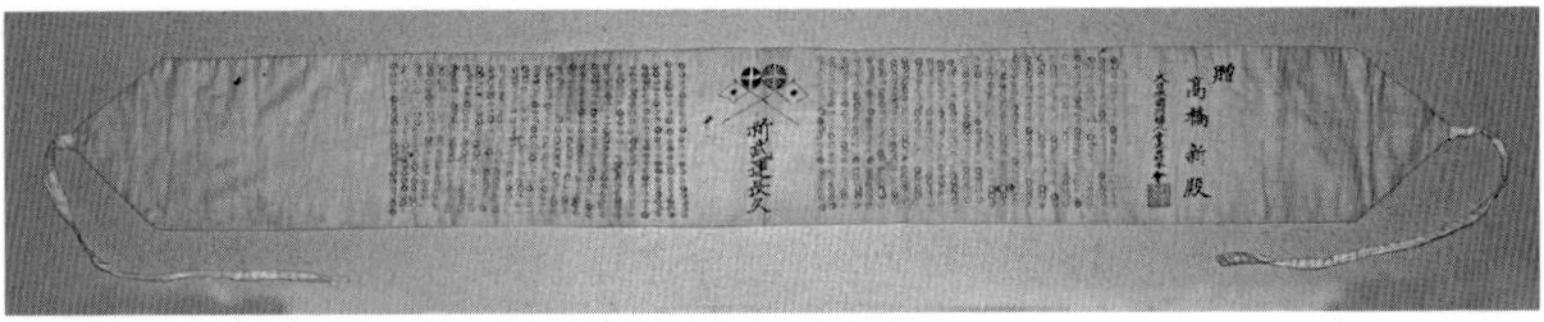
千人針

出征することとなった。
　出征する兵士には「千人針」を持たせた。千人針とは手ぬぐいに千人の人が結び目を作って、武運長久を願い贈ったもので、寅年の人だけは年の数だけ結ぶことができた。これは「虎は千里を行って、千里を帰る」という故事に基づくもので、表面上は出征を祝いながらも兵士が無事に生きて戻ってくることを案じていることがわかる。また千人針の中央には十銭貨と五銭貨を結び付けることもあった。この意味は、十銭貨は「苦戦（九銭）を越える」、五銭貨は「死線（四銭）を越える」の意味で、これも出征兵士を思ってのことであった。そして隣組では、出征兵士が出た家には「出動軍人の家」などと書かれた旗を掲げ、近隣住民で生活を助けあう目印とした。また出征兵士を見送る際には、家族ばかりでなく町内をあげて盛大に送別を行った。
　さらに日の丸の旗に出征兵士の関係者が寄せ書きをして贈ることもあった。兵士はこれを体に巻きつけて戦場へと赴くが、この日の丸の寄せ書きが現在も大きな影響を与えている。戦場で亡くなった日本兵が巻いていた日の丸の寄せ書きを、多くのアメリカ兵が持ち帰っており、戦後それを家族へ返還したいと考える人たちがいた。そのため、アメリカには日の丸の寄せ書きの情報を集め、日本へ情報提供している団体が存在する。熊

右　「出動軍人の家」の旗
左　「武運長久」の旗

谷市内でもその団体のおかげで日の丸の寄せ書きが返還され、現在では熊谷市立熊谷図書館美術・郷土資料展示室の資料として保管されている。

②熊谷陸軍飛行学校

　昭和十年、所沢につぐ第二の戦闘機操縦教育の学校として三ヶ尻村に「熊谷陸軍飛行学校」が開校された。発足にあたっては近衛師団が半ば強制的に十aあたり百二十円（注3）という格安値で地主から土地を買収し、約八十二万坪の飛行場と約十万坪の学校敷地を確保、合計約九十三万坪、約三百七haの広さを持つ飛行学校となった。昭和十三年には時の天皇が行幸し、当時の学校長であった江橋英次郎中将の「さしつけに 仰ぎまつれる 大御稜威 伝えてはげめ 空の益良雄」（ことさらに 仰ぎ見てあがめる天皇の威光 その威光が広く伝わるように訓練にはげめ 空を飛ぶ勇士たちよ）の和歌から、飛行学校の地名を「稜威《みいつ》ヶ原《がはら》」と呼ぶようになった。この歌碑が現在も航空自衛隊熊谷基地内に建っている。昭和十三年には東京陸軍航空学校が新設されると新施設が完成するまで熊谷陸軍飛行学校と敷地を同じくし、昭和十八年には特別操縦見習士官制度によって多くの士官候補生、特別操縦見習士官、少年飛行兵を教育、昭和二十年に本土決戦が近づくと第五十二航空師団のうちの第六練習飛行隊と編成替えを行い、特攻隊操縦者の養成を行うようになった。この陸軍飛行学校は、後述するがアメリカ軍の報告書によると熊谷空襲時のターゲットポイントには入っておらず、熊谷空襲の理由を考察する上でも大きな影響を与えている。

　敗戦後は熊谷空襲から一ヵ月後に南の厚木、北の熊谷と軍政上の重要地として県内で初めて、熊谷陸軍飛行学校にアメリカ陸軍一万二千人の進駐が始まり、その後

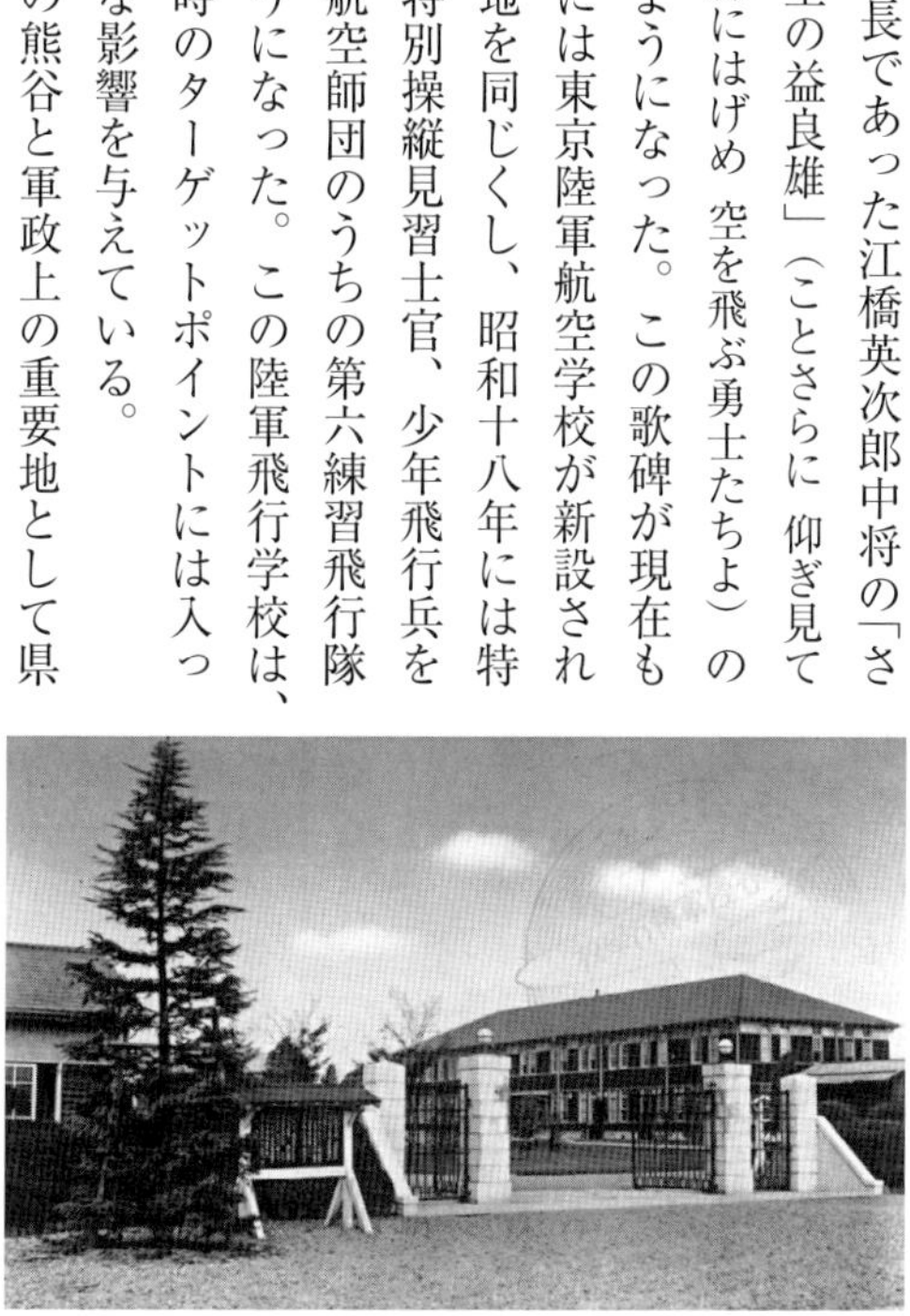

熊谷陸軍飛行学校の絵葉書

県内、近県に分散駐留した。昭和二十二年頃からは飛行場の一部が開拓団の仮農場にもなり、やがて飛行場の南半分は稜威ヶ原開拓組合に委譲され、その後は日立金属等の工場が立ち並ぶ工業地帯となり、施設地帯の西側の一部は日本鋼管株式会社（現ＪＦＥ建材）に移管された。

昭和三十三年に米軍が基地から撤退すると残った敷地が新たに航空自衛隊熊谷基地となり、現在も存続している。

④東武熊谷線

昭和十七年、戦争が激しさを増す中、軍の要請により国策として東武熊谷線の建設が計画された。これは現在の群馬県太田市にあった中島飛行機会社（注４）へ勤務する工員と飛行機製造用の物資・資材を輸送することが目的だった。計画では熊谷駅から東武小泉線の西小泉駅間を結ぶ鉄道で、鉄道建設の免許を取得するや否や昼夜突貫工事が続けられて昭和十八年十二月にはその一期工事分の熊谷―妻沼間の十三㎞の営業を始めた。当時、中島飛行機会社では「九七式戦闘機」「隼」「呑龍」など年間約八千機、国内生産の三分の一を生産していた。こうした飛行機部品を、熊谷の中心市街地の中小工場が下請け工場として製作していた。また中島飛行機の工場で働く工員は、熊谷駅から蒸気機関車に乗って妻沼駅まで行き、そこからは第二期工事が終了していなかったためバスに乗り換えて工場まで通っていた。しかし第二期工事の妻沼―小泉間は利根川架橋工事を手がけて橋脚が完成したところで敗戦を迎えてしまったため、その後の工事が行われることはなく、また利用者の減少などもあり、昭和五十八年に廃線となった。現在では、熊谷駅から熊谷農業高校の実験農場あたりまでは緑道として市民の散歩道となり、それより北は一部を除き一般道として供用されている。

熊谷空襲

昭和二十年八月十四日の午後十一時三十分ごろから行われたとされる熊谷空襲は、全国でも二番目に高い密度で焼夷弾が投下されたと言われている。アメリカ軍の報告書では日本時間の零時十二分〜零時二十三分とあり、この時刻をとるならば、まさに日本の終戦記念日である八月十五日に行われた空襲、最後の空襲であると言えるだろう。埼玉県下では最大の空襲であり、またこの空襲からの復興のために、熊谷市は戦後、県内唯一の戦災復興都市の指定を受けた。この熊谷空襲の概要について見ていきたい。

アメリカ軍の報告書から

熊谷空襲に関するアメリカ軍側の報告書がある。原文については、国立国会図書館のインターネットサイトで誰でも閲覧できる。「国立国会図書館デジタルコレクション」のうち「日本占領関係資料」から検索ワードとして「熊谷」を入力すると、熊谷空襲に関する報告書にたどりつく。当然英文であるので和訳が必要だが、これについては『新編埼玉県史』資料編二十近代・現代二の五百五十三ページに「熊谷爆撃米軍報告書」として十八ページにわたり、和訳された文書が掲載されている。『新編埼玉県史』の収録文書はところどころ文章を省略している部分があるが、我々にとっては読みやすいので、こちらをもとに内容を見ていきたい。

空襲直後の熊谷の航空写真

アメリカ軍の作戦計画によると、八月十四日の爆撃作戦は、作戦番号３２５から３３０まで六作戦あり、そのうち作戦番号３２９が熊谷への攻撃作戦で、第３１４航空団によるものであった。この他の部隊による攻撃作戦は、秋田県土崎にある日本石油製油所や、群馬県伊勢崎市への攻撃などが攻撃目標として上がっており、伊勢崎への爆撃は、熊谷への爆撃と同じ第３１４航空団によるものだった。またこれらの攻撃目標の選定に関しては、特に都市に対する攻撃は、目標として設定された百八十の小都市のうちでまだ爆撃が成功していない小都市を選定し、攻撃目標として設定したとある。

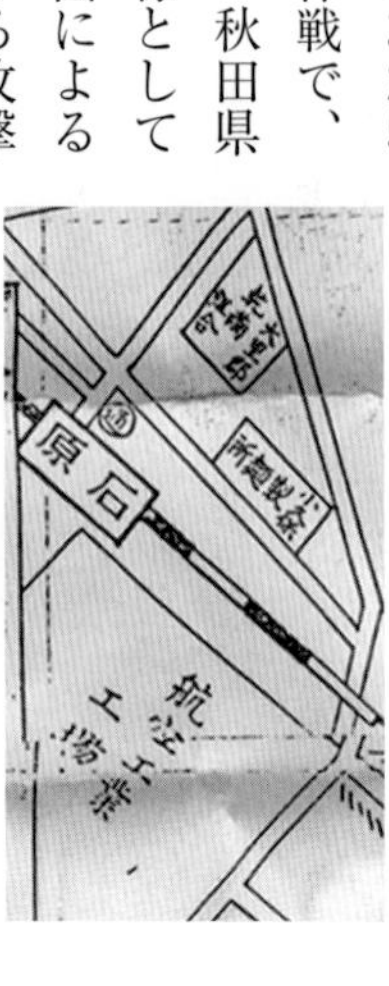
昭和十五年の熊谷市地図（部分）

目標の重要性として、熊谷に関しては、中島飛行機会社の飛行機部品製造の中心地の一つで、航空機部品の最も重要な分配センターの一つであるとしている。攻撃日の選定については、日本との和平交渉が敵（日本）によって遅延させられているようなので、この作戦を八月十四日から十五日にかけて行うよう命じられたとある。つまりは航空機部品の製造地の一つで、ここにダメージを与えることで攻撃継続能力を奪い、和平交渉へと持っていくための攻撃であった、ということであろう。また報告書の中には理研工場がピストンリング等の航空機部品を製作し、また「ヒノデ工場」という大きな部品下請け工場があったという報告がなされている。この「ヒノデ工場」については、平成二十七年にオキナヤの故藤間豊子氏に聞き取りをしたところ、確かにそのような名称の工場があったが、大きな工場ではなかったという。また中島飛行機会社の子会社である熊谷飛行機株式会社（昭和十五年の地図を見ると航空工業工場とある）が現在の熊谷市立荒川中学校の道路をはさんで反対側付近にあり、アメリカ軍の航空写真でも印が付いていることがわかるので、攻撃対象として把握されていたと思われる。だが、聞き取りによると熊谷飛行機株式会社は攻撃を受けておらず、終戦直後にすぐに解体されてしまったと聞く。

爆弾についてはM69焼夷弾（注5）とE48集束焼夷弾が主として用いられた。これは熊谷には軽工業建築物と住宅建築物が多く、木造家屋への攻撃として理想的であったからだろう。必要密度についても一マイル四方（約1・6㎞四方）につき二百二十五トンというすさまじい密度で、総積載予定量一万六千ポンド（約七千二百㎏）、約八千発の爆弾による攻撃が行われた。飛行経路については、この後の「新井賢二郎資料」の紹介の中で後述したい。

この第314航空団による熊谷および伊勢崎への攻撃には約八十機が参加し、この他に第八航空団から二十機が加わった。この攻撃に対しての地上からの攻撃はほぼ皆無だったと報告書にはまとめてある。

なぜ熊谷空襲が起きたのか？

①軍需工場に対する爆撃として

先ほど、「東武熊谷線」の項やアメリカ軍の報告書でもふれたが、熊谷市の中心市街地には今の太田市にあった戦闘機を製作する軍需工場、中島飛行機会社の戦闘機の部品を作る下請け工場があった。昭和十五年頃の熊谷市の地図には、秩父鉄道石原駅の南側に「航空工業工場」とあり、熊谷航空工業株式会社（熊谷飛行機株式会社）の工場があった。そこでは戦闘機の給油タンクの部品やネジを製作し、トラックで太田の工場まで運んでいたという。また市街地にもそれまでは染色業を営んでいた工場が転用され、戦闘機の部品を作っていたという。実際にアメリカ側の報告書を見ると、「上越の主要鉄道線上にある熊谷は、中島飛行機会社のネットワークにまたがる重要な拠点である。この地域は、比較的小さい下請け工場と、前橋、大間々、高崎、伊勢崎、桐生、尾島といった他の部品工場や、太田、小泉、宇都宮といった最終的な集積地からも近く、三つの主要な工場地域を連結させている交通の要衝であることからも、熊谷は標的地としての大きな価値を有している。」としている。それは昭和二十年六月二十三日付のアメリカ軍報告書の航空写真に、熊谷航空工業株式会社の工場建物の詳細に攻撃目標としての白い印がついていることからもわかる。

また、今の県立熊谷女子高等学校が当時、熊谷高等女学校だったころ、講堂に海軍艦政本部が設置され、昭和二十年三月に中島飛行機小泉製作所設計試作部隊の、長距離爆撃機「連山」設計試作部隊が疎開したことがわかっており、当時、軍需工場だった理研の学校工場も設置されていたという。このように、当時の熊谷市は軍需産業の拠点として認識されていたために、「熊谷空襲」が行われた可能性が高いのではないか、と考えられる。

しかし大きな疑問点は、実際の空襲の被害状況を調査してみると、熊谷航空工業株式会社は空襲を受けておらず、被害を受けたのはピストンリング等の航空機部品を製作していた理研工場や市街地の中小の下請け工場であったことである。この理由を明らかにするのは難しいと思われるが、熊谷空襲の理由を捉える上での課題の一つであろう。

② 中小都市爆撃として

昭和二十年頃は、すでに第二次世界大戦も末期でいつ戦争が終結してもおかしくない状況であった。日本の大きな都市、東京、大阪、名古屋などはすでに大空襲を受け、壊滅的なダメージを与えられていた。そこで連合国側としては、第20航空隊のフィナーレを飾る、最後の中小都市爆撃することで日本を終戦に導こうとする狙いがあったと考えられる。傍証として昭和二十年八月二日付の「ニューヨークタイムス」では、八王子、富山、長岡、水戸の空襲について記事にしているが、それを見ると「B29、八百二十機からなる爆撃及び機雷設置部隊は、過去の記録を百九十機上回った。これは陸軍航空部隊の第三十八周年記念にふさわしい祝賀であり、カーチス・E・ルメイ少将への素晴らしいはなむけとなった。彼は米陸軍太平洋戦略空軍参謀長となるため、第20航空群司令官としての最後にこの攻撃を計画、指揮したのであった。」とある。また熊谷出身で日本を代表する作家・森村誠一氏は「熊谷空襲は太平洋戦争における最後の犠牲であり、まったく無意味に葬り去られた犠牲の羊（スケープゴート）であった」とし、さらに郷土史家で熊谷空襲問題に詳しい故長島二三子氏も「第20航空の任務終了をかざるフィナーレではなかったのか」と図録『戦前戦中戦後の熊谷の様子』の中で語っている。いずれにしても、すでに日本の大都市に大ダメージを与えた後、日本の継続した戦闘力を奪うために戦闘機部品工場のあった中小都市・熊谷を空襲することで最後のダメージを与えると同時に、米軍第20航空群の任務終了を飾るためのフィナーレ、ファイナルストロークであった、と推測できる。

③県庁所在と間違えられた

平成七年八月十二日付けの朝日新聞朝刊によると、昭和二十二年、熊谷の郷土史研究家である故中島迪武氏は、当時のGHQ民間報道教育局へレン・へファナン大佐に、なぜ「熊谷空襲」が行われたのかを問うた。一週間後、大佐が司令部から聞いてきたその回答は、（1）とどめの一撃（2）県庁所在地であるため、ということだったという。県庁所在地とは、明治六年から九年までの三年間、熊谷県（今の埼玉県北西部と群馬県のほぼ全域）が置かれ、熊谷に県庁が置かれていた時期があった。中島氏が関東の地図を見せられた時、大佐は「関東の県庁所在地では熊谷と前橋だけが空襲していなかったから」と言ったという。その関東の地図には昭和二十年当時の県庁所在地である浦和には何の印もなく、熊谷に印がついていたという。中島氏の証言には間違いがないと思われるので、これはアメリカ側が戦時下当時の日本の状況、地図をどのぐらい把握していたか、という点が問題になると思われる。恐らくは、アメリカ軍としては、東京・大阪・名古屋のような大都市ではない、中小都市を把握するために熊谷県当時の地図も含めて参考にしていたことが考えられる。いずれにしても、前項の理由②とほぼ同様の理由として把握されていたと考えられる。

④占領政策を進めるために

平成七年八月十三日付の朝日新聞朝刊において、当時、お茶の水女子大講師の栗田尚弥氏は「米軍が上陸した場合、熊谷市を関東以北の軍事拠点と想定しており、その意味でも徹底的にたたいておく必要があったのだろう」と語っている。つまり、終戦後の政治的な戦略の中で、「熊谷空襲」が行われたのではないか、という考え方である。前項の「熊谷陸軍飛行学校」の項でも述べたように、終戦後はアメリカ陸軍一万二千人が熊谷陸軍飛行学校に入り、その後県内や近県に分散駐留したので、占領政策上の軍事拠点として陸軍飛行学校を残し、中心市街地にダメージを与えて反攻を防ぐ意味合いも多いに考えられる。事実、アメリカ軍の空襲は、駅や鉄道など、その後の占領政策のために重要となる施設には爆撃を行っていない。熊谷駅も高崎線も無傷であったため、復員による引き上げ列車も戦後すぐに動いていた。こうしたことを考えると占領政策とあいまって、熊谷の市街地への空襲が行われた可能性も否定できないと思われる。

この四つの理由が、熊谷空襲が行われた理由として現在考えられている。特に①と②は空襲理由としての蓋然性が極めて高いと考えられる。①はアメリカ軍の報告書からの理由であり、いわば公式声明であるといえる。また②はすでに大都市については空襲を受けており、日本降伏前の第二次大戦最後の空襲によるダメージを関東の中小都市へ与えたという意味で、必然性が高い。③と④は①と②を基とした考え方とみることもでき、この四つの理由を大別し、まとめると、①と②の理由に集約されると考えられる。

なぜ八月十四日の深夜だったのか？

ではなぜ、熊谷空襲はポツダム宣言受諾に間に合わなかったのだろうか。これについては日本国内の意思決定の遅滞と当時の通信状況のタイムラグに集約される。

現在の熊谷市鎌倉町に住んでいた、故新井賢二郎氏がまとめた資料がある。平成二十一年、熊谷市立熊谷図書館郷土資料展示室を訪れた氏は、展示室の学芸員と会って話を進めるうちに、「自分は熊谷空襲体験者である。事業の関係で海外に住んでいるが、B29パイロットと交流があり、アメリカ側の兵士の記録を持っている。もし、企画展等で使用するのであれば、データをメールで送る。」と話された。そして後日、学芸員あてにメールで様々なデータを送ってくれた。

新井賢二郎氏は、熊谷市鎌倉町にある新井歯科医院の二男で、熊谷空襲当時は十一歳、空から降ってくる焼夷弾の雨の中を逃げ回り、九死に一生を得たという。その後大人になって自身の事業の関係でアメリカ、カナダ、中国と渡る中で、彼自身、なぜ熊谷空襲が行われたのかについて知りたいと考えたという。そこで熊谷空襲を行ったアメリカ空軍第３３０爆撃集団のウェブサイトにアクセスし、当時の状況について教えてほしい旨、連絡をとった。そこから氏と当時二十五歳でB29のパイロットであった故ビブ・ロック氏との交流が始まり、アメリカ軍の軍人からみた熊谷空襲に関して、様々なデータをそろえることができた。新井氏ご自身は、展示室学芸員と戦後七十周年記念の「熊谷空襲展」での再会を約束していたが、ご逝去されてしまい、再会することができなかった。これら新井賢二郎氏がまとめた資料を「新井賢二郎資料」と呼び、その資料から見える熊谷空襲とポツダム宣言との関係を見ていく。

氏はポツダム宣言との関係を時系列でまとめ、まず「ポツダム宣言を日本が受け取った」日付を昭和二十年七月二十六日であると確認する。その後、日本政府内でこの宣言を受諾するか否かで議論が行われた。焦点の一つは戦後の天皇の位置づけがどうなるかということであった（いわゆる「国体護持」＝天皇制擁護をめぐる紛糾）。このことは、様々な研究、報道等で明らかにされている。その受諾に関する議論がなかなか決まらない中、八月に広島と長崎に原爆が落とされることとなる（注６）。日本政府がようやく「政府としてポツダム宣言の受諾を決めた」のは日本時間の昭和二十年八月十四日正午ごろで、午後一時から閣議が始まり、すでに午後二時五十分頃

（ニューヨーク時間午前零時五十分頃）には、内部情報が漏れた可能性が高いが、同盟通信が「ポツダム宣言受諾のメッセージが間もなく発せられる」というラジオ放送をニューヨークに流している。これによってニューヨークはお祭り騒ぎとなった。そして日本国内で「ポツダム宣言の詔書完成、発効」は十四日午後十一時ごろで、その後中立国スイスに向けて受諾に関する電報を打つこととなる。現在のネット社会ではこうした通知はすぐに相手側に情報が伝わるが、当時は中立国であるスイスを通じて連合国側に通達するため、ここでタイムラグが生じる。そしてスイス公使が午前四時十分にスイス政府に通告、その後スイス政府からアメリカに通告されたのがその三時間後となり、実際にアメリカがポツダム宣言受諾の通告を受け取ったのは八月十五日の午前七時頃（ニューヨーク時間の八月十四日午後七時頃）ということになり、トルーマン大統領の記者発表へとつながる。

これがいわゆる「ＶＪデー（Victory over Japan Day）」で、つまり、日本での詔書完成から八時間かかってようやくアメリカ側へ通告されたことになる。熊谷空襲はこの八時間のタイムラグの中で起きたできごとであった。

そして熊谷空襲のＢ29パイロットはグアムに帰着後まもなく降伏のニュースを知ることとなったのである。

このように新井氏はポツダム宣言と熊谷空襲との関係を整理している。そして「新井賢二郎資料」の最後に「熊谷市民としてなぜ日本政府はもう一日、いや半日早く、宣言受諾の通告ができなかったのか、という恨みは残ります。」とまとめている。確かに半日でも早く通告できていれば、熊谷空襲はなかった可能性が高い。そうなれば今の街並みではない、戦前からの宿場町としての名残のある、そして石造りのモダンな公会堂や市役所などの建築物が残り、蛇行した星川の水辺が潤う中心市街地になっていたかもしれない。

「新井賢二郎資料」からわかる熊谷空襲

「新井賢二郎資料」は、第３３０爆撃集団（アメリカ軍の報告書では第３１４団）のウェブサイトへのアクセスから始まり、ビブ氏とのメールのやり取り、そしてビブ氏が所蔵していた当時のメモなど、アメリカ側の生の資料から成り立っている。それらからわかる熊谷空襲について見ていきたい。

①飛行経路

まず飛行経路についてだが、第３３０爆撃集団の第16号機、Ｂ29カンカキー市号のパイロットであるビブ・ロック氏によると、当時グアムのかまぼこ兵舎の壁に貼ってあった日本地図を保存しており、その上に八月十五日熊谷空襲時のルートを、当日の航行日誌にあった緯度記録から彼が改めて書き込んだ地図が存在する。

その地図を見ると、グアムを飛び立った爆撃集団はまず千葉県銚子市の犬吠崎を目指していたことがわかる。そこから利根川に沿う形で北西へ向かい、土浦を過ぎたあたりで西に方向転換し、熊谷へむかう。熊谷を爆撃後は南南西へ、伊豆半島を目指して飛び、そこから南へ太平洋上に出て、グアムの空軍基地へ戻る、というルートが克明に記されている。

この飛行ルートについては、『新編埼玉県史』資料編二十近代・現代二の五六三ページに収録されているアメリカ軍報告書の飛行ルート略図と同じであるので、報告書の記述が裏付けられたことになり、また実際に熊谷空襲を行ったパイロットの記述であること、報告書よりも詳細な地図に落とし込んだ飛行ルートであることなどから一級資料として位置付けられると考える。またこの地図には熊谷

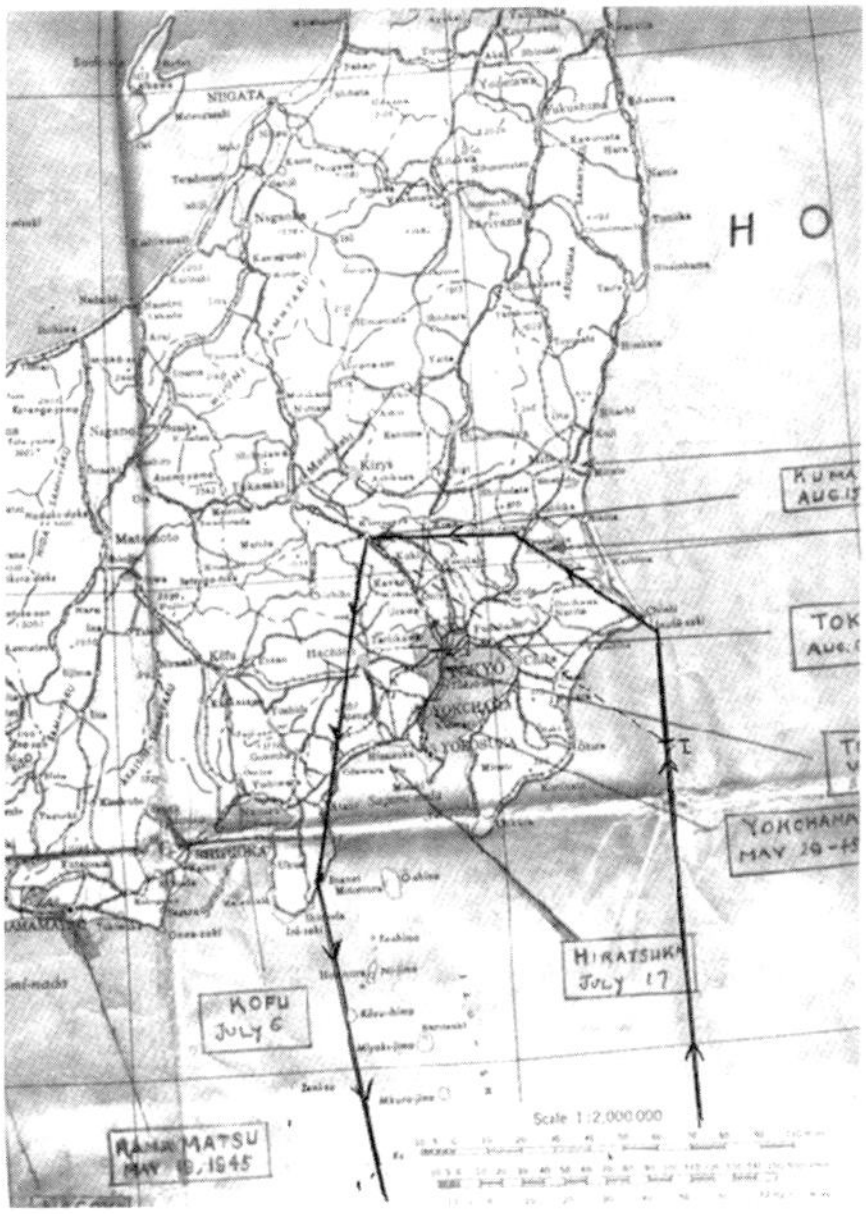

Ｂ29の飛行経路

以外の、ビブ氏の機の参加した空襲目標都市名（甲府、平塚など）が日付と共に書き込んであるので、他の中小都市攻撃にとっても貴重な資料であるといえるだろう。

②反転帰還の暗号「UTAH」

実際に爆撃に参加した機内の様子はどうだったのか。これについてもビブ氏が記録した資料、ビブ氏の機に同乗していた航行士のメモがある。これによれば、グアムの基地を離陸したのはグアム時間の八月十四日十八時四十分で、基地に着陸したのはグアム時間の八月十五日八時四十分とある。この作戦行動には、反転帰還、つまり戦争が終了した、西太平洋の戦闘は停止した、という意味の暗号が定められており、それが「UTAH」であった。この暗号は、八月十四日の大阪砲兵工廠の爆撃に参加した第73航空団も同様で、熊谷空襲の部隊だけに限らず、日本を攻撃する他の部隊でも戦争終了の暗号であったようである。ビブ氏の機の航行士は、いつこの暗号が発せられるかを機の中で神経を集中して耳をそばだてていたという。しかし、ついにこの暗号が発せられることはなかった。

ビブ氏が見つけた、ビブ氏の機の航行士が航行日誌に書いたメモには「ラジオによればニューヨークで「VJデー（Victory over Japan Day）」を祝っていると言うのに、我々は攻撃に向かっている。〝UTAH〟が反転の暗号だったが、とうとう聞かなかった」と走り書きがあり（注7）、ビブ氏の機内では、軍の命令であるために

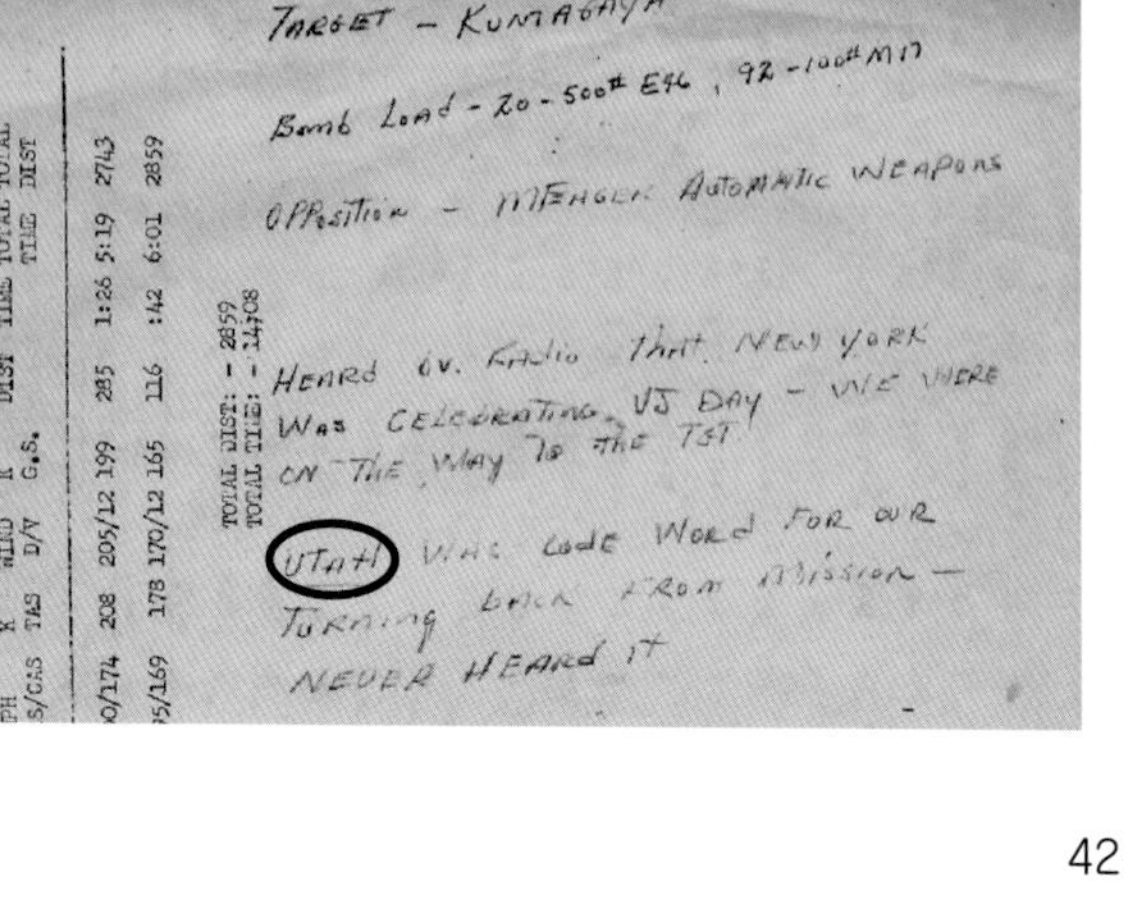

B29飛行士のメモ書き（UTAHの文字も）

作戦を中止できなかった、この作戦行動自体にわだかまりを持ったまま行わざるを得なかった状況が受け取れる。また前述したが、ポツダム宣言受諾に関する情報が同盟通信社を通じてすでにアメリカ本土へ届いていたことも、この走り書きから裏付けられる。

新井賢二郎氏とビブ・ロック氏のメールでのやり取りの中に、ビブ氏はこの作戦行動に参加したことについて新井氏に「お詫びはしません。ただしずっと、無実の人々を殺し、傷つけ、家財産を破壊したことに後悔の念を持ち続けている。」と述べている。ビブ氏とすれば、アメリカ空軍に所属する軍人として、公の立場として、作戦行動中止の命令が出ない限りは命じられた作戦行動を継続するしかなく、そのことが「お詫びはしません」という言葉に表れているのであろう。ただし私人の立場としては、戦争状態であったとはいえ人を攻撃すること、傷つけることへの深い後悔の念が示されており、作戦行動に参加した軍人の複雑な心境が垣間見られる。新井氏、ビブ氏とも望んだ戦争でも空襲でもないなかで、避けられなかったことが悔やまれる言葉であろう。

熊谷空襲による被害

それでは、熊谷空襲による被害をまとめてみる。すでに昭和五十九年発行の『熊谷市史』通史編に、熊谷市の公式発表としての被害状況がまとめられている。それによると、

・被災面積　三十五万八千坪（市街地面積の74％）

「8月16日の朝」
松岡信光氏撮影

・被災戸数　三千六百三十戸（全戸数の40％）
・罹災者数　約一万五千三百九十人（うち、死者は全体で二百六十六人、
　負傷者約三千人）

という数字が記載されている。市街地面積の約三分の二が被災したという、すさまじい密度で空襲の被害をこうむったことがわかる。また、焼失した公共建物等では、熊谷市役所、北武蔵地方事務所、市公会堂、熊谷郵便局、熊谷地方裁判所、熊谷警察署、熊谷土木工営所、専売局熊谷出張所、埼玉県繭検定所、中央農林金庫熊谷支所などがあげられている。つまり公共施設は軒並み焼失してしまったことを意味する。

そのため、現在の熊谷市の街並みの中に歴史的な建造物は聖公教会ぐらいが残る状況となってしまった。また大きな特徴は、現在の熊谷郵便局付近にあった報恩寺は残念ながら鐘楼を残して焼失してしまったが、高城神社、熊谷寺、千形神社など、主な寺社仏閣は被害をこうむらなかったことである。それに比べて、海軍の爆撃機設計部隊が疎開していた熊谷高等女学校（現在の県立熊谷女子高校）は空襲を受けている。

「近藤油屋倉庫の壁」佐藤虹二氏撮影

アメリカ軍は空襲対象施設などについて、戦地での日本軍兵士捕虜や日本国内のアメリカ軍協力者から情報を得ているとされる。前述の熊谷高等女学校は、海軍の爆撃機設計部隊が疎開していたため、門柱に海軍の大きな看板が掛けられていたという戦後の証言もある。そうした情報を確認していた可能性が高い。また爆撃精度については、新井賢二郎氏とビブ氏とのメールでのやり取りを見ると、ビブ氏が熊谷上空を飛んでいる際、地上を目視すると、自分の機の北側（右側）は燃えておらず南側（左側）の住宅地側が燃えていること、つまり隊列の一

番北側（進行方向右側）を飛んでいたこと、自分の機の下を進行方向に向かって伸びる大通り（現在の国道十七号線と思われる）があったこと、そして爆撃に関してはレーダー爆撃であったため、レーダー士官の指示により方向を定めて飛んでいたこと、などを証言している。このことは目視とレーダーにより地上を確認することができたことを示している。

そしてアメリカ軍の報告書に記載されている空襲直後の熊谷市街地航空写真を見ると、爆撃を受けている地域は、ビブ氏の目視のとおり現在の国道十七号線の南側の航空機部品の下請け工場が多数あったとされる住宅地側と、憲兵隊の詰め所があった現在の一番街通り沿い（旧中山道）に被害が集中し、現在の国道十七号線北側は熊谷市役所などの公共施設は爆撃を受けたが住宅や主な寺社は爆撃を受けていないことがわかる。

これらのことから、アメリカ軍は日本国内の情報をある程度の確度をもって収集して爆撃目標を定め、そこを攻撃するだけの技術があったことを推定できると考える。

また公式発表の亡くなった市民の人数である二百六十六人という数字は、あくまでも公式発表であり、空襲後にその傷が元で亡くなった方や、市中心部ではなく市街地の縁辺で爆撃を受けて亡くなった方も恐らくはいたかと思う。こうした方々を含めると、埼玉県内での熊谷の被害状況がいかに大きかったかがわかるだろう。

特に市街地を流れる星川付近は、百名近い死者が重なっており、悲惨の極みだったという。日本を代表する熊谷出身の作家・森村誠一氏によると、氏は当時、熊谷市本町にお住まいだった。空襲時は父親の大声で飛び起き外を見ると、照明弾の明りでまるで昼間のようだったと話す。その後、星川へ向かって逃げようとしたが、父の「荒川へ逃げろ」の声で星川と反対方向の荒川へ向かって逃げた。燃え盛る炎が道の両側の建物を焼き、さながら炎の壁がそそり立つようであったという。その間を必死に逃げ、荒川の旧土手にたどりつくと、炎が市街地を焼き尽くしていく様子が見えた。そこで父が「誠一、お前の街が燃えているぞ」と話し、氏はこの光景を必ず本にしたいと作家を志すきっかけになったという。氏はまた、翌朝自身の家に行くとすっかり焼失しており、星川へ行くと、ひそかに想いを寄せていた女の子が亡くなっていたという。星川に浮かんでいた死者の顔はみんな白くきれいで、氏は「恐らく炎で酸素が無くなったため、酸欠で亡くなったのだろう。」と推測している。

こうした熊谷空襲の体験談については、昭和五十年に熊谷市文化連合がまとめた『熊谷戦災の記録』に詳しい。戦後三十周年に合わせて体験談を取りまとめ、一冊にしたこの本は、当時の空襲による惨禍を現在に伝える生の声の記録として大変貴重である。現在では戦後七十五周年がたち、こうした空襲体験者が少なくなっている現状の中で、戦争の悲惨さと平和の尊さをどのように次世代へ伝えていくかが大きな課題となっていると言える。

戦後の復興へ向けて

市街地の三分の二以上を焼失した熊谷市は、埼玉県で唯一の戦災復興都市として指定され、都市計画事業による区画整理が施工された。市役所が焼失したため陣屋町の旧町役場と当時の熊谷西小学校の一部を市庁舎として昭和二十四年まで用いた。昭和二十年九月上旬には臨時復興課を設けて罹災者の救助、焼け跡の整理等を始めた。以下復興へ向けての動き見ていく。

戦災復興の区画整理事業

昭和二十一年六月に埼玉県熊谷戦災復興事務所が、埼玉県知事を長として設立された。これは熊谷市が県内唯一の戦災都市であったため、県直轄の事業として実施されたためである。現地事務所には技官の成沢寿を長として派遣し、実際の事業に当たらせた。復興計画については市当局と市議会関係者らが数回にわたって議論を重ね、昭和二十四年六月、市議会議員代表六名と土地区画整理委員代表三名による戦災復興委員会を組織、復興計画を進めた。この計画により、中山道は国道十七号線として拡幅工事が行われ、街路については市役所通線、星川通線、北大通線、熊谷駅通線など、現在の中心市街地の骨格となる街路が整備されていった。特に星川通線の整備によってそれまでは住宅地の中を蛇行していた星川を直線に改修し、国道十七号線のバイパス道路として北大通線を新たに設けたことで、整然とした中心市街地が造られていった。

区画整理事業も工区を三つに分け、昭和三十年三月に認可をとり、事業を行っていった。また公園緑地や下水道など、生活に直結するような工事についても法律に基づき認可をとり、工事を進めていった。これらの一連の復興事業は昭和三十四年に一応終結し、区画整理事業の換地処分が終了したのが昭和四十八年六月で、約三十年にわたる多くの人々の尽力によって、今の熊谷市の街並みが作り上げられていったのである。

戦後の市民の生活

昭和二十年八月十五日の終戦後も、疲労しきった市民は激しい経済的苦難に直面した。戦争末期にすでに悪化していた食糧事情は、昭和二十年の秋から翌年の夏にかけて不足の極みに達していた。敗戦の結果、経済統制は表面だけのこととなり、ヤミ取引がほとんど公然の形となり、インフレーションによる物価の高騰とあいまって市民生活は苦労の連続となった。市役所では空襲罹災者証明書を発行し、この証明書を提示することで市から物資等の配給を受けることができた。しかし敗戦後の状況では物資も満足にはなく、厳しい生活を送ることとなった。

食糧不足の激しい都会では、住民がリュックサックを背負って農村に出かけ、高いヤミ値を払った上、衣類なども合わせてイモなどと交換し、背負って都会へ帰る風景

ジュラルミン製の生活道具

がよく見られた。また戦後の物不足により、市民は落とされた焼夷弾を使って、クワ、スキ、チリトリなどの農工具や生活用具を製作して活用した。さらに鉄を軍に供出したために、戦闘機などの材料であったジュラルミンを用いてナベやカマ、バケツ、パン焼き器などの生活用具も製作した。ジュラルミンは鉄より軽く、また材質が柔らかいため加工しやすく、生活用具を製作するにはよい材料だった。

このような苦しい生活状況ではあったが、戦災復興は年ごとに進められ、食糧事情なども少しずつ回復していった。戦時中から続いた配給制度も米を除いてすべて廃止され、熊谷空襲で家を失った市民には復興用の木材の配給が行われ、それを基に応急的なバラックや仮設住宅が建ち、大変不自由ではあったが、戦後の落ち着いた生活が始まった。

平和を次世代のために

終戦後、熊谷空襲の惨禍を忘れないため、また尊い犠牲となった市民の魂を慰めるため、戦後三十周年を迎えるにあたり、星川保勝会は遺族会と一体になって、最も多くの犠牲者を出した地である星川の上に、平和の願いを込めて慰霊の像を建立することを計画した。昭和五十年八月十六日、日本彫刻界の第一人者で人間国宝でもある北村西望氏により、高純度アルミニウム製、銀色に輝く高さ約1．7mの女神像が建てられた。「戦災者慰霊之女神」と名づけられたその像の前には、毎年八月十六日になると祭壇が設けられ、多くの方が戦災者の供養に訪れ、そしてその日は星川が「灯籠流し」の灯籠で彩られる。

「戦災者慰霊之女神像」北村西望作

また熊谷空襲の「語り部」ともいうべき戦災文化財も市内には遺されている。空襲を受けた県立熊谷高等女学校（現県立熊谷女子高校）のレンガ造りの正門は、現在は北門として移設され、多くの高校生を見つめ続けている。さらに市街地中心部にある銘菓軍配煎餅を製造している中家堂の駐車場には、空襲の炎を浴びて黒く煤けている石灯籠が建っている。鎌倉町にある石上寺の本堂前にそびえたつケヤキの木は戦禍を受けた部分がウロとなっているが、今もなお参詣者を温かく見守っている。熊谷市役所となりの中央公園には、空襲を受けて校舎を焼かれた西国民学校（現在の市立熊谷西小学校）に立っていたケヤキの木が移植され、公園で遊ぶ子どもたちの平和な姿を見つめている。このほかにも、熊谷空襲の「語り部」たちは市内に残されてはいるが、市街地整備や家の代替わりなどにより、少なくなっているのが現状である。戦争の悲惨さ、熊谷空襲で亡くなった人々の無念を語り継ぎ、平和の尊さを次世代へ渡していくためには、こうした戦災文化財に対する意識や保護も、今後の大きな課題となってくるであろう。

おわりに

ここまで、熊谷空襲とその前後の時代について、市民の生活の状況がどのように変わっていったのか、そして熊谷に空襲が行われた理由や当時の状況、さらには戦後の復興までを概観してきた。

私たちの現在の生活も、何気なく過ごしている中で数多くの法規制が存在する。それは我々の権利を擁護し守るものもあるが、権利を奪っていく法規制ももちろん存在する。戦前の生活の様子からは、我々の身近な生活が国家体制の影響を色濃く受け、生活必需品などの物資が統制されていったことを見てきた。それは現在の状況でもありうることである。選挙というシステムで選ばれた国会議員によって、様々な法案が提出される。その法案を現在の我々はきちんとチェックしているのか。そのことが、「戦後」を「戦前」へと変えてしまう空気を無くしていくことに繋がるのではないだろうか。

熊谷空襲の惨禍は、多くの写真によって記録されている。熊谷は埼玉県で初めての写真館である吉原写真館ができたまちであり、佐藤虹二氏、石川守彦氏、日向清次氏といった、戦前から戦後の埼玉県を代表する写真家を生み出したまちでもある。特に佐藤虹二氏が空襲直後の熊谷の様子を写した十二枚の写真は、熊谷の歴史を物語る記録写真として最重要と言えるし、同じく佐藤虹二氏が撮影した「近藤油屋倉庫の壁」や北村写真館の松岡信光氏が写した「八月十六日の朝」の写真は、我々に直接、戦争の悲惨さ、戦争ということが私たちのまちにどのようなことをおこすのか、ということを教えてくれている。このように熊谷に今も残る様々な当時の資料と、「新井賢二郎資料」のようにアメリカ側からの熊谷空襲に対する考え方や記録とを総合して検証していくことが必要な時期になっていると考える。それが熊谷空襲を相対化し、戦争の惨禍を加害者側、被害者側双方の視点から分析することにつながるだろう。これは謝罪や反省を求めるということではなく、いかにすれば戦争がない世界になるか、という前向きな議論へと展開していく必要があろう。戦争そのものがたくさんの人々の可能性を立ち切り、無辜の命を奪うものであり、それは人が人に指図して行ってはならないことと考える。

また現在の熊谷市の街並みは、戦災から立ちあがるべく、多くの市民の血のにじむ努力によってもたらされた復興の成果であるといえる。一朝一夕に今の熊谷市、私たちの生活があるわけではないし、ましてや現在の私たちが熊谷市を「つくった」わけではない。現在の私たちは過去の多くの熊谷市民、それは戦前だけではなく、遥か遠い昔、原始・古代からの熊谷市民たちの生活の上に成り立っている。それはすなわち、熊谷を知る、歴史に学ぶ、ということに通じると考える。熊谷空襲を中心に、という一断面で切り取ってしまっては、なぜ熊谷市が中小の部品工場が集まる場所となったのか、なぜ熊谷に県庁がおかれた時期があったのか、という熊谷空襲に至るまでの背景を知ることができない。それを知るには直近の歴史ではなく、原始古代からの熊谷の歴史、熊谷というまちの地理・地形も含めた成り立ちを学ぶ必要があるだろう。そしてその歴史を学ぶことは、なぜ日本という国が戦争の主役の一人になってしまったのか、ということを学ぶ機会に繋がると考える。現在を「戦前」としないために、そして「平和」を次世代、その次の世代へと継承していくために、我々が「熊谷空襲」から学ぶことはたくさんある。この文章がその一助となれば幸いである。

注記

（1）日本軍の真珠湾攻撃は日本時間昭和十六年十二月八日午前三時十九分に攻撃が開始されたが、それに先立ち日本時間昭和十六年十二月八日午前二時十六分にイギリス領マレー半島東北端のコタ・バルに上陸し、海岸線でイギリス・インド軍と交戦している。

（2）東京から学童疎開を行った国民学校の一覧は本書資料編「熊谷地区の学童疎開の状況（旧村含む）」参照

（3）昭和十年当時の白米の小売価格は1升＝1・425㎏＝35・7銭（「近代米価一覧・関連年表」『日本史総覧Ⅵ 近代・現代』株式会社新人物往来社、昭和五十九年より）。10ａ＝100㎡を120円ということは、当時の30㎏の白米＝約七円五十二銭の約十六袋分。現在の米30㎏約8000円として十六袋分を換算すると約十二万八千円。つまり10ａを約十二万八千円、1㎡あたり1280円で買いたたかれたことになる。ちなみに令和元年度の熊谷市御稜威ヶ原の1㎡あたりの地価は二万三千八百円。（『基準地の標準価格一覧 令和元年度埼玉県地価調査』埼玉県企画財政部土地水政策課より）

（4）中島飛行機会社は、大正・昭和時代前期の戦闘機生産を担った代表的軍需会社。海軍機関大尉中島知久平が大正六年に海軍を退官し、民間航空機生産を旗印として郷里に近い現在の群馬県太田市に飛行機研究所を開設したことに始まる。現在の富士重工業は同社の後身。（『国史大辞典』十吉川弘文館、平成元年）

（5）焼夷弾とは、物を焼き払うための薬剤と少量の炸薬とを入れた爆弾。建造物などを焼き払うのに使用される。M69焼夷弾は日本を空襲するために開発された焼夷弾で、一つの外形は六角柱、直径八㎝、全長五十㎝。単独では用いられず、一基あたり三十八発のM69を子弾として内蔵するクラスター爆弾（E48集束焼夷弾）として投下された。これに黄燐を入れ威力を高めたのがM74焼夷弾。（「焼夷弾」の項『日本国語大辞典』、及び『戦前・戦中・戦後の熊谷の様子』（熊谷市立図書館、平成八年）より

（6）新井賢二郎氏は「新井賢二郎資料」の中で旧ソ連の参戦に触れていないが、日本のポツダム宣言受諾には旧ソ連の日本攻撃参戦が大きな影響を与えている。

（7）新井賢二郎氏が「Air & Space」誌一九九五年八、九月号の「Last Raid」などからまとめたものを、郷土史家の米山実氏が要約した時系列。日本時間で記す。ニューヨークとの時差は約十三時間なので、この日本時間から十三時間前がおよそのニューヨーク時間となる。

【十四日】

・正午ごろ　宣言受諾のご聖断下る

・十三時　閣議開催、詔書案審議

・十四時四十九分　同盟通信の海外英語放送が「宣言受諾」をオンエアーし、傍受した沖縄の米軍が本国に伝える

・十五時　グアムの軍放送、同盟通信のニュースを放送

・十七時四十分　ビブ・ロックのB29、グアム北飛行場離陸

・二十一時頃　ニューヨークで電光ニュースが流れ、お祭り騒ぎが始まる

・二十二時頃　ビブ・ロック、ニューヨークのお祭り騒ぎを硫黄島上空で聞く

・二十三時　詔書完成、受託宣言をスイス経由で送る

・二十三時三十分　熊谷空襲始まる。

【十五日】

・四時十分　スイスの加藤俊一公使、宣言をスイス政府へ通告

・七時十分　駐スイス米国大使がワシントンへ打電して受託宣言がワシントンに着く

・八時　トルーマン大統領の停戦命令グアムに到着

第二章

高校生が聴く熊谷空襲体験者の声

熊谷空襲体験者

小林留美子さんへのインタビュー

●日にち　二〇一九年十二月十四日（土）
●場　所　熊谷市桜木町小林さん自宅
●熊谷空襲体験者　小林留美子さん　昭和七年二月十七日生まれ八十七歳
●インタビュアー　小川高等学校社会研究部
　高野水音・野村明生子・柳瀬香穂・小池優那

小林留美子さんと小川高校社会研究部のみなさん

このインタビューは、小川高校社会研究部に所属する四人の女学生によるものだ。戦跡「小原飛行場」について調査・取材をした同部の一・二年生。フィールドワークの結果は、冊子、模型製作と展開した。二〇一九年度、同部研究テーマは、畠山重忠、小川町の歴史風土だが、事前に熊谷市立図書館展示室で大井教寛学芸員のレクチャーを実施し、このインタビューに参加いただいた。
　数年前から戦時体験を語る講演を行っている小林さんは、開口一番に「聞いて下さる方がいらっしゃる間はお話しできたら幸せと思っていますので、どうぞたくさん質問して下さい」とやや緊張気味の高校生に語りかけた。

――空襲の時に、小林さんは、何歳で、どこで何をしていましたか

小林　昭和七年二月十七日生まれです。前日にラジオから「明日重大な話がある」と予告が入りまして「是非もっと頑張れよ」と言うのだと思っておりました。

夜中にふっと目が覚めました。被弾したのはお向かい、真っ正面でした。目の前が真っ赤になりました。「こりゃー空襲だ」と二階から駆け下りて庭先の防空壕に飛び込みました。そこにB29がすごい爆音で、五、六百メートルのところまで降りてきたように感じました。ほんとうに恐ろしい爆音でした。さながら打上げ花火のようにドカーンと爆発して爆弾が落ちてきます。それが焼夷弾。さらさらさらさらと雨が降るような不思議な音をして、二、三十分続きました。頭も出せません。小さくなって防空壕の中にいました。治まって外に出たら、一面の火の海でした。日頃の防空演習はまったく無意味でした。バケツリレーなんて効果はないです。

空襲が治まってから屋根に上がって不発弾を探したり片付けたりしていて、八月十五日になりました。翌日の明け方。夜中の恐ろしさが身にしみているから、防空壕に日用品などを詰め込みました。もう、必死でした。それが、大変な八月十五日！

そんなことやっておりましたら、なんとなく「戦争が終わった」と聞こえてきます。「そういう時こそデマが流れる」と、前々から叩き込まれていましたから「絶対に信じてはいけない」と思いました。「あーこういうことか」と。でも、二、三日経ってから、やっぱり戦争は終わったのかと思いました。

そして、現在の埼玉りそな銀行の斜め前あたりにあった母の実家へ行くことになりました。本町は大店が続く賑やかな通りです。でもその目標物がない。実家の高橋洋品店の三つの蔵も二つは焼けていて、一面焼け野原。瓦礫の山で、そこまで辿り着くことが大変でした。ここで戦争に負けたことを実感しました。

――遺体を見ましたか

小林　みていません。本町で亡くなった方がいたのかどうか、それも知りませんし、二、三日のうちに片付けてしまったのかもしれませんね。

――アメリカ軍の飛行機は何機くらい飛んできましたか

小林　何百機とか言ってましたが、そのくらい多く感じたのだと思います。吉岡はぐるりの端に当たったと思います。回りに火をつけて、逃げられないようにして、真ん中をやるんですね。中心の方は逃げられないですよ。全員殺すつもりだったんです。ただ、不思議なのは通り一本で違うこと。本町の片側、埼玉りそな銀行の側は焼けませんでした。熊谷寺も焼けませんでしたしね。吉岡の場合は人家が離れているから延焼しませんけれど、焼夷弾は二十発、けっこう命中しています。亡くなった方もいます。落とす爆弾の量がたくさんありましたからね。日本軍は迎え撃つこともできませんでした。

――それまで敵機を見たことがありますか

小林　あります。房総半島から東京へ向かう編隊をただ見ているだけでした。実際に頭の上に爆弾をおとされて、怖さを知りました。

――昭和十六年十二月八日の開戦の様子を覚えていますか

小林　一日中ラジオからは軍艦マーチが賑やかでした。ニュース映画にもなって上映されていました。隣組でも毎晩、それをみんなで観て「やったーやったー」と気勢を上げていました。最後まで戦争に負けるなんて、考えてもいませんでした。

――戦争が始まってからの学校の様子を教えてください

小林　小さいっていうのがいけないんですよね。吉岡尋常小学校から国民学校へ、学校の呼び名が変わります。第一は体を鍛えること。それが急務でした。毎日体操の時間があるようになりました。そして、小学生が農業の担い手になりました。一切合切仕込まれました。

昔は兄弟がたくさんいましたが、母親も女手一つの働き手ですから、小学生も子守りです。背のそんなに違わないような下の子をおぶって登校します。騒ぎ出すと校庭で遊ばせます。教科書だって何代も払い下げられ、落書きのあるような代物でした。校舎は兵隊さんの宿舎になりました。空いている講堂で、全学年があちこちの隅に散らばって、空襲の合間に授業がありました。

昭和十七年には、もう空襲があったんですね。それで、小学生も銃後の守りにつくことになるんです。飛行機の爆音の聞き分け、モールス信号に比べれば、手旗信号は小学生にも簡単でした。「竹槍必殺」は二メートルくらいの高さの箱のようなものを庭に据え付けて、「突けぇ」。飛び降りて藁人形を突くんです。

吉岡から鍬を担いで、小原の飛行場まで行って、勤労奉仕をしたのが、敗戦前の最後の仕事でした。大きな松の木の根っこを掘るんです。松の根を乾かして、絞って松根油をとります。そして、飛行場の周囲には河川敷の野芝を貼ります。道の両脇が崩れないように三十センチメートル四方くらいのものを植えるわけです。

――子どもも軍事訓練をしたのですか

小林　車の下に爆弾を仕掛ける練習をしました。総力戦で本土決戦になった時のためです。子どもなら見逃されるからでしょう。そんなことに子どもを使うんですから。竹槍の訓練もしましたが、なんというか、ちょっと非現実的ですよね。

それでも、まったく疑問なんてなかった。もう少し大きいと違うんでしょうが、白紙状態で、言われたことをやっただけ。戦争は勝つと思わされていました。神風が吹くと言われてました。軍でも負け戦は放送しませんし、戦況はわからないのです。でも何となく噂は聞こえてきました。

――他に子ども達の役割があったのですか

小林　灯火管制に対する夜回りがありました。毎日小学生が、夜の十時頃まで。火の見櫓の下に消防小屋があり、集まって数人で回りました。灯火管制って暗いんです。女の子は女の子でチームになりました。拍子木を叩きながらね。いい音がするんです。これは相互監視の役割もあったんです。いろんなこと、やりましたね。台風で大水が出るというと、半鐘が鳴ります。みんな総出で土嚢を積んで、死ぬ思いでした。久下が切れて、こちらは助かりました。あの頃は米俵の中に土を詰めました。水まで出るんですからね、大変でした。

――日常生活はどうでしたか

小林　大変でしたよ。

食べ物がないから庭の隅から隅まで耕しました。うちには生け垣がありましたが、そこにカボチャを植えました。一つでも多くなるように交配させます。そのカボチャにパラパラお米を入れて炊きます。雑炊ですね。味も何もしないものです。お弁当には持って行けないから、お芋を焼いて新聞紙にくるんで持って行きました。

何もなければ考えだすものです。石けんは早い時期になくなりましたから、髪の毛を洗うのに、何か木の実を拾いに行きました。洗濯には、山の奥の緑の粘土。まあなんかツルツルするというだけの代替品。蚤とか虱とか、仲よくなりました。凄い繁殖力なんです。〈大澤先生「虱なんて知らないよね」（一同笑）〉

父が薪で下駄を作ってくれました。鼻緒は、麻がなく、あるもので縒り合わせます。すぐ切れて片足下駄になります。泣きたくなりました。靴がある人が羨ましい。でもそれも、親指が飛び出ているんです。足がすぐ大きくなるから。今はそんな靴を履いている子はいませんね。

――モノがなくなっていくって、どんな風だったのでしょうか

小林　熊谷と吉岡とをつなぐ、大正時代にできた荒川大橋ですが、その鉄の橋の欄干がありますよね。それをある日、取り外しているんですよ。どうしたんだろうと思いましたが、それは結局兵器に使うため供出したんです。五本のうち三本くらい。遊園地でも何でも。鉄がなくなりました。私の知っている人は、髪飾り・時計の上蓋……何でもかんでもみな、出しました。

その頃、隣組制度ができました。「トントントンカラリンと隣組」という明るい歌ですけれど、本当のところは相互監視です。それが一番の軍の目的。恐ろしいですね。それと軍事国債です。国にお金がないですから、それをずっと毎月毎月募集する。これも隣組の仕事。隣が出していると出さないわけにはいかないんですね。

――お父さんは歯医者さんですが、どうしていたのですか

小林　あの頃はろくな機械がなく、鉄の物はなかったです。供出はしないですみました。父は四十歳で兵隊には征きませんでしたが、医者の勉強を一年間くらいさせられました。教科書のプリントがたくさんありました。医者も足りなかったんですね。歯医者ににわか勉強させて軍医として戦地に赴かせるなんて土台無理ですよ。

――夏休みはどんな感じでしたか

小林　辛かったのは、干し草つくりです。なかなか苦労でした。毎朝、荒川にでかけて草刈りし、軍馬の餌の干し草を作ります。刈った草は松山街道に並べて広げ、昼にひっくり返します。お天気がいいと、綺麗な干し草ができます。中国まで行ったんですかね。雨でも降ればカビが生えて駄目になりますが、強制的な割り当てでした。なんでも子ども一人でやりました。背負い籠にたくさん入れると自分が立てないんです。最終的に、木の箱に詰

めて縛って学校に持って行きました。父は歯医者で、それまで何もできなかったのが、恐ろしいほど仕込まれました。小さな手で藁で縄ないもしました。

――男の子は兵隊さんになりたがっていましたか

小林 男の人は二十歳になると徴兵制で赤紙が来ました。最後の方は、十五歳で卒業すると、少年飛行兵とか、我先に戦争に行きました。今はそもそも若い人が少ないですし、戦争になったらどういうことになるでしょう。まあ昔みたいな戦争のスタイルではないわけですが、よく自衛隊の派兵が話題になりますね。戦争になったら、弾はここまで、なんてないです。どこへ飛んで行くかわからないんですよ。よく考えて貰いたいです。

――小学校の先生は、時代と共に変わってきましたか

小林 もう私たちの頃は、校長先生以外男の先生はいませんでした。それも、先生自身がしっかり教育を受けていない世代です。基礎力がないです。そんな先生に習う子どもたちも可哀想といえば可哀想ですよね。残念な時代でした。

――回りに東京大空襲の被災者はいましたか

小林 クラスに東京で焼け出されて来た子もいましたが、人を助ける余力がなかったです。

――学童疎開があったんですよね

小林 奈良の常楽寺が親戚なんですが、そこに疎開児童が来ていたようです。

――玉音放送は聴きましたか

小林　聴くように言われましたが、空襲で停電していましたし、聴きませんでした。ずっと後に戦後ずいぶんたってから、聴きましたけれど。勿論再放送もありませんでした。

――戦後の学校生活はどうでしたか

小林　それが戦後になると、ほとんど覚えていないんですよ。不思議ですね。いつ学校が始まったのかもはっきりしない。ただ、毎日学校へ行くと、教科書に墨を塗っていました。戦争のこととか、天皇陛下のこととか。先生が読み上げると、まっすぐに線を引きます。まあ殆どが墨です。戦争中大事なことは何も教えられていなかったということ。主に国語です。歴史の時間はなかったんじゃないでしょうか。それが戦後の一番の記憶です。なにしろ紙も何もないし、ノートもない。鉛筆は二センチくらいまで使いました。竹の筒にさして。

――墨を塗りながら何を考えましたか

小林　そんなに教えちゃいけないことばかり教えられていたのかと驚きました。それはみなアメリカの命令でやっていることなんでしょうけど。真っ黒でした。まあ、勝つ、勝つばかり書いてあったんでしょうね。

――今、若い世代に伝えたいことはなんですか

小林　戦争というものがわかっていないんじゃないかと、一番心配ですね。戦争というのは弱い人にとっては、本当に大変なことです。戦災孤児はどうやって生き延びたのかと、不思議です。あの時代、生きていくことは大変だったと思います。

――新しい憲法ができたとき、何を思いましたか

小林　そうですね。新しい憲法というより、私には古い憲法というか、「教育勅語」が染みついています。学校は木造でも奉安殿というそこだけ立派な鉄骨の建物がありました。そこにご真影があり、毎日最敬礼して、教育勅語を諳んじる。あるいは万世一系の三百六十代の天皇の名も「神武、……」丸暗記です。今でも言えます。そして、「戦陣訓」、「一つ、軍人は国を守ることを本分とす」戦況が悪くなっても、白旗を掲げることができず、「玉砕」です。学校でもみんな連帯責任でした。

私は思うのですが、戦争中、有能な人がみな、大変な目に遭わされ、みすみす死んでしまって、戦後残ったのはへなちょこばかり。政治家だって、いま、酷いものですよね。

――高校生に言いたいことはなんですか

小林　池上彰さんがテレビで、日本再興の対策はということで、「教育が大事」と言っていました。みなさん、今日幸せな時代に生きる高校生として、しっかり学んで下さい。若い時に覚えたことは忘れません。大事な時間です。

――ありがとうございました

＊「戦時中の国民学校での生活のことは、ぜひとも話しておきたいんです

右側の唯一の男性が校長先生。私は白いセーラー服のワンピース姿です。もう一人の洋装が後に日本の歌声運動でリーダーとなった声楽家・堀喜美代さん（江東区在住）。他はみな和服ですね。時に昭和十三年。この入学式の写真が、私にとって戦前に残された唯一の写真です。カメラを持っているとスパイだと疑われ、怖くて撮れなかったんです。

よ」とのことで、編集委員が後日聞き取りました。

（追加　二〇二〇年一月二十七日）

どんぐり拾い

毎日何人かで樫の木のあるところへ行き、どんぐりの実を拾いに行きました。学校に持って行くと、それぞれが重さを計って、それはグラフになって張り出されます。知らない人のお宅に行って「採らせて下さい」というのは、気苦労でしたね。学校にはそのための倉庫がありました。毎日そこへトラックが来て運んでいきました。風が吹くと、ああ明日はたくさん採れるなと、次の日が楽しみでした。戦争が終わってから知ったのですが、北海道の方へ食料として運ばれていたようです。

確か自分も学校で蒸しパンにして食べたような気がします。おいしかったです。

慰問袋

四十センチくらいの既製の布の袋がクラスに回ってきます。いろんなものを入れて戦地の兵隊さんに送るのですが、食べるものもないし、何か役に立つものをと思っても、入れるものに困りました。梅干の果肉で作った丸薬くらいしかないんです。あとは手紙や絵、紙で作った人形。たまに兵隊さんから手紙が返ってきました。

健康たわし体操

長い休み時間に、校庭に整列して上半身裸になって、たわしのようなもので体をこする体操をしました。たわしより柔らかくて紐がついている。乾布摩擦ですね。これで風邪はひかなくなりました。裸足です。校庭の真ん中に川が流れていて、休み時間が終わると、そこで足を洗い校舎に戻ります。手拭いなんてないから、拭くこともしなかったんじゃないかしら。

千人針

手拭いに千個印がしてあって、赤い糸で一個ずつ留めていくんです。一人一個ずつ。戦争末期には毎日回ってきて、それが来ると授業も何もかもストップ。五銭玉が縫いつけてあるのは「死線（四銭）を越える」という意味です。

模型飛行機作り

学校で模型飛行機を作る時間があって、竹ひごを板に通しグライダーなどを造り、競い合いました。荒川上流の松原公園で何校かが集い、飛ばす競技大会があるのです。校内でもしょっちゅうありました。しまいには竹を割って、竹ひごも自分でつくりました。

出征兵士の見送り

村の神社に兵隊さんの見送りに行きます。子どもたちも紙で小旗を作って神社に集まり歌います。「勝ってくるぞと勇ましく」。はじめの頃は幟を立てたりお祝いムードでした。寄せ書きなど集めそれを掲げて行進です。そんな傍ら、お母さんがお百度参りをして無事を祈り、「武運長久」を祈っていました。末期になると賑やかな行事は中止になりました。

兵役検査

初めの頃は「甲種合格」すると万々歳。そのうちずっと年をとった人も行くようになりました。私たち子どもは「銃後の守り」ということで内地はお前達が守るのだと毎日いわれ、「百発百中」などと標語をたくさん言わせられました。

バケツリレー

消火作業の訓練です。砂を入れてやると、重くて大変でした。荒川に砂を採りに行きました。

農家の手伝い

農家には人手がないから勤労奉仕に行きます。休み無し。「月月火火水木金」ということです。

報道

うちにはラジオがありましたが、大本営発表ばかり。いつも「我が方の損害は軽微なり」。ラジオのある家は少なかったです。新聞は四分の一の大きさになりました。

検閲

私は本を読むことが大好きでした。うちには本の蔵がありました。伏せ字が続くと「×××」。いいところになっても、さっぱりわからなかったです。

熊谷空襲体験者

大久保利次さんへのインタビュー

●日にち　二〇一九年十二月二十一日（土）
●場　所　寄居町上郷北区公民館
●熊谷空襲体験者　大久保利次さん　寄居町在住
　昭和五年四月十五日生まれ八十九歳
●インタビュアー　埼玉県立小川高等学校社会研究部
　高野水音、野村明生子、柳瀬香穂

二〇一九年十二月十四日（土）の小林留美子さんに続き、小川高校社会研究部の皆さんが、大久保利次さんのインタビューに臨んだ。当日は、大久保さんの家の近くの地域公民館を借り、公民館関係者などにも見守られ行われた。来年で九十歳という年齢を感じさせない大久保さんは、高校生の質問に記憶を呼びおこしながら答えてくれた。

――熊谷空襲の日、大久保さんは何歳で、どこで何をしていましたか

大久保　十五歳で国鉄に勤めていました。熊谷の本町から大宮駅に通っていました。

――十五歳で働いていたのですか

大久保　当時尋常小学校は六年間でしたが五年で卒業させられました。甲乙丙と分けられ志願少年兵は三人、自分は満鉄を希望したが背が低く駄目でした。大宮駅では信号係でポイントの切り替えを旗で合図してやりました。「デンムク」というモールス信号をやっていた人もいました。男が戦争に駆り出されたので、女性の車掌もいましたし、私のような子どももいたのです。最初の三ヵ月の月給は三十円でした。

――月給の三十円のイメージがよくわからないのですが

大久保　私が生まれた昭和五年ごろでワイシャツが一円五十銭、訪問着が十五円、お召しが十一円五十銭くらいだったと思います。

――熊谷から大宮まではどれくらいかかりましたか

大久保　一時間十分です。今は四十分くらいですが。当時は蒸気機関車でしたから時間がかかりました。駅も今ほどありませんでした。熊谷、吹上、鴻巣、北本宿、上尾、大宮。北本は北本宿と言っていました。

――大久保さんは、勤めていたということですが空襲を直接は体験していないのですか

大久保　いいえ、体験しています。焼夷弾が降り注ぐ中を逃げましたから。八月十四日の夜十一時ごろだったと思います。お風呂に入り寝るところでした。空襲警報が出たので、浴衣に水をかぶって逃げたんです。一緒に逃げたのが、江口薬局をやっていた義理の父と母に娘と私の四人です。

――どの方向に逃げたのですか

大久保　私の家は今の十七号国道の側で、北の大原墓地の方に逃げました。星川とは反対です。星川に逃げた人が飛び込んで百人くらい亡くなったんです。夜が明け戻るとあたり一面焼け野原でした。なぜか清気庵はあったんです。全く運が悪かった。生まれたのが箱田の旭町で、筑波町も焼けなかった、通りを挟んで熊谷寺から高城神社にかけても焼けなかった。

――大久保さんの家の近くは焼けたが、反対側は焼けなかったということですか

大久保　B29は荒川が道路に見えたのではと言っている人もいました。大きな爆弾に三十六個の焼夷弾が入っていて、それが回りながら落ちてきたので、木造の家だったので焼けちゃいました。

――逃げた先には何人くらいいましたか

大久保　五十～六十人くらいいたと思います。みんな励ましあって、私は逃げる途中で靴がなくなってしまって桑の根っこで足を切っていました。逃げるのが精いっぱいで無我夢中だったのでしょう。痛いなんて感じませんでした。

――家が焼けてしまってどう思いましたか。また亡くなった方を見ましたか

大久保　戻ったのは十五日の朝六時頃だったと思います。建物は無くなっていて、まだ煙があちこちでたなびいていました。泣くどころか茫然自失の状態でした。星川は見なかったのでわかりません。遺体も見ていません。近所の方で亡くなった人もいます。防空壕で助かった人も亡くなった人もいました。

――防空訓練はやっていましたか

大久保　あれは女子がやっていました。竹槍で訓練していました。あんなもので勝てるわけないでしょう。バケツリレーとかもやっていました。私は、逃げるとき防空ずきんを被る余裕も無かったです。とにかくお風呂の桶で水を被り逃げました。

――家が焼けてしまって、その後どうしましたか

大久保　久下の親戚に身を寄せましたが、すぐに大宮に出勤しました。熊谷駅は焼けなかったし鉄道は通っていました。とにかく職場に行けば食べ物があると思ったんです。

――大宮の人は熊谷に空襲があったことを知っていましたか

大久保　知りませんでした。熊谷が空襲にあったことを話すと、「よく出てきたな」と驚かれ、みんなから食べ物をもらいすぐに帰らされました。その後は、二、三日休みました。久下の親戚は農家だったので食べ物はありましたが、気まずくもあり、私は日進にあった国鉄の寮に入りました。

――玉音放送は聞きましたか

大久保　熊谷に帰る途中上尾駅で列車から降ろされ駅前広場に集められました。ちょうど十二時でした。ラジオが何台か有り聴いたのですが、その時はなにがなんだか放送の意味はわかりませんでした。後で戦争が終わったと知りました。

――大久保さんは戦争に勝つと思っていましたか

大久保　思っていました。

――負けたとわかった時はどうでしたか

大久保　戦争が終わってよかったと思いました。

――アメリカに対してはどう思いましたか

大久保　敵だから負けて憎いと思っていました。

――敗戦後は、どのような生活でしたか

大久保　苦しいけど、国鉄にいたのである程度は恵まれていたと思います。正規職員にもなれましたし、昇給もし、給料も上がりました。戦後まもなく五千円になりました。戦後の列車は満員で窓から乗ったり、屋根に乗ったりした人もいました。あの当時も東京への通勤客はいたんです。また買い出し列車は混んでいました。十キロのお米を二つ買い座席の下に隠していました。

一斉取り締まりがあると、「俺のだ」というと没収され検挙されるので、「俺のじゃない」とみんな言うんです。お巡りさんは自分らで没収したもの食べちゃうという噂もありました。熊谷では十七号国道を馬に乗ってサーベルを下げていた憲兵がいて、あれが一番怖かった。警官なんかも怒鳴りつけちゃうんだから。軍隊の警察で威張っていました。

――大久保さんは買い出しには行きましたか

大久保　昭和二十三年頃だったと思います。新潟に買い出しに行ったことがあります。自分たちがお金にするためです。新潟で米が一升八十円、熱海に行って売ると二百円になるんです。勤めながらです。乗車賃はただでしたから。みんな貧しかったんです。

――話を戻して小学校の頃のことですが、熊谷西国民学校に行っていたと思いますが、当時は男女は別でしたか。授業はどんなことをやっていたのですか

大久保　共学でした。西小が燃えたのはあとで聞きました。学校の授業はなく、飛行機の翼のリベット打ちをしていました。工場に動員されていました。男子も女子もですが、石原にいくつか飛行機の部品を作る工場がありました。もともとは飛行機とは関係ない工場でした。妻沼線も中島飛行機と熊谷をつなぐために造ったんですよね。リベット打ちなんか我々がやっていたのですから勝てるわけないですよ。「勝った、勝った」と提灯行列ばかりやってね。ニューギニアとかフィリッピンとか、本当は負けていたんですが。

――昭和十六年十二月八日の開戦のことは覚えていますか

大久保　「ニイタカヤマノボレ」ですね。戦争が始まったというだけで何も思いませんでした。熊谷でも提灯行列をしました。町内会で駆り出されるんです。戦争が終わって天皇陛下が熊谷に来たのですが、天皇陛下が通り過ぎるまで顔を上げられなかった。顔を見ると「不敬罪」になった。まだ新憲法はできていなかったんです。

――アメリカ軍を熊谷で見ましたか

大久保　私は見ませんでしたが、大宮駅では進駐軍を見ました。軍用列車が一日に二本くらい通っていました。日本人は乗せない特別列車です。籠原から大宮で止まって東京に行きました。他の列車を待たせて優先にしました。覚えているのは新潟から貨物が来て、貨車の標識に「死体」とありました。何回かあったのですが、みんな

「死体」標識に怖がっていました。

――長い時間ありがとうございました。最後に若い世代に伝えたいことをお聞きします

大久保　今も戦争をしている国があるので、戦争をやめて平和を取り戻してほしいですね。今、日本だって本当に平和だって言えないですよね。日本も武器を作っています。原発があるから核兵器なんか作れるらしいです。これでは本当の平和ではない。核を持たない。作らない。使わない国を目指してほしいです。

――それには何をすればいいと思いますか

大久保　若い人が一人でも二人でも声を上げていってほしいと思います。

――学校に期待することはどんなことですか

大久保　先生方が意識的に戦争のことを教えてもらいたいと思います。「終戦」というのはお互いが妥協することで、私は「敗戦」というのが正しいと思います。日本は無条件降伏したのですから。

――ありがとうございました

＊大久保さんは当日ご自身が書いてきた一行詩を持参されました。その中から三首紹介します。

バンザイと提灯行列勝ち続け

焼夷弾バケツリレーが悲し過ぎ
赤紙で往き白箱で還される

インタビューを終えて

埼玉県立小川高等学校社会研究部

高野水音

「戦争」「空襲」などという言葉は今の私達には馴染みのないものです。そんな中、体験者の方にお話を伺い、その言葉が自分自身の中でより鮮明になりました。中でも、一番印象に残っているお話は「黒塗り教科書」です。戦時色のある文を墨でぬり、使用していたそうです。学校で綺麗な教科書を使い、疎開などの精神的苦痛がない現代で勉強が出来ている私たちは、実はとても幸せなことだなと感じることができました。お聞きしたすべてのお話をしっかり頭で、心で覚えていることがすごく大事だと思います。

野村明生子

私は空襲体験者の話を聞くことができてとても良かったと思いました。確かに授業などでも平和学習はしましたが、体験者の方の話は緊張感があり、恐怖をも感じました。話には空襲の炎から逃れるために星川へ入った人達は窒息死してしまったこと、実際に家が燃え、近所の人とバケツリレーで消火したこと、小学校の夏休みの宿題で軍馬のえさの草刈りをしたこと、飛行機の音で種類を区別することなどの話を聞いて、戦争が終わって良かったと思いました。平和であり続けるために若者が話を聞き、伝えていくべきなのだと思いました。

小池優那

事細かなことまでは知りませんでしたが、終戦前日から当日にかけて空襲があったことは知っていました。そして、空襲の恐ろしさは知っているつもりでいましたが、体験した方からの話は全然違っていました。中でも、空襲があり、熱いから近くの川に入ったら、川の方が熱くたくさんの方が亡くなった、という話は衝撃でした。地上より川の方が熱いなんてとても考えられなかったです。戦争を繰り返してはいけない。貴重な話が聞けて感謝とともに、本当に本当にそう思いました。

柳瀬香穂

熊谷空襲の時に焼夷弾や火から逃れるために、星川に逃げる人が多くいましたが、実際には酸素が少なくなり死んでしまった人が多かったようです。私もすぐに水に入ったほうがいいと思ってしまうだろうと思いました。星川に入るか入らないかの選択で生死が決まってしまうのは怖いなと思いました。そしてポツダム宣言の受諾がもっと早く決まっていたら、熊谷の人たちだけでも救うことができたのにと思いました。これからも戦争が日本でおきないように、また、世界中の戦争をなくすことができればいいなと思いました。

熊谷空襲体験者

森田隆夫さんへのインタビュー

●日にち　二〇二〇年一月六日（月）
●場　所　熊谷市久下　森田さんの自宅
●熊谷空襲体験者　森田隆夫さん　昭和十年三月六日生まれ八十四歳
●インタビュアー　埼玉県立伊奈学園総合高等学校歴史研究会
　小林江梨花

森田隆夫さんは現在八十四歳。熊谷空襲当時は十歳でした。今も当時も同じ家（熊谷市久下）に住まわれ、当時の事をまるで昨日の事のように、しかもとても詳しく覚えておられました。平和を願うお気持ちがとても強く、一九九五年戦後五十周年に熊谷中央ライオンズクラブが寄贈した「平和の鐘」建立にあたっては、実行委員長としても活躍されました。平和の鐘には、熊谷空襲で亡くなられた二百六十六名の御霊の安らかなることを願い、そして、若い方々には平和の喜びを知っていただこうという思いが込められています。

森田隆夫さんと
小林江梨花さん

「幸せになる戦争なんてありっこない」

――森田さんの生年月日と今の年齢を教えてください

森田　昭和十年三月六日生まれ。もうすぐ八十五歳になります。当時は久下国民学校五年生でした。

――お住まいはどちらでしたか

森田　久下のここ。今と同じですよ。

――荒川の近くですよね

森田　小さい頃は今の荒川と違った流れだったから、よく遊んだよ。魚釣りもしていた。

――東竹院に東京の子たちが疎開してきた様子をご存じだと聞いたのでお聞きしたいのですが

森田　東京の京橋区の京華小学校の子たちが四十人くらい疎開してきました。その年（一九四四年）の八月頃来ましてね、そこで自分たちの授業をやっていました。

神部先生という方が主任で来ていまして、その神部先生が四月に結婚して、東京より熊谷は田舎だから空襲は大丈夫だろうって、奥さんの結婚道具などもみんな持ってきました。実家の物まで持ってきたんだろうと思いますけどね、空襲で全部焼けちゃいました。かわいそうで丸裸になっちゃって、とてもかわいそうだった。

――この辺も火の手があがったんですか

森田　東竹院も焼けちゃいましたからね。戦後みんなでお金出して再建したんですよ。本当に奇跡だったのですが、空襲警報が鳴ったので疎開の子たちもみんな東竹院の庭に掘ってあった防空壕に入っていった。そうしたら入り口に焼夷爆弾が落ちた。それが不発弾だったので、みんな助かったんですよ。東竹院に魚藍観音様がありますが、観音様のご加護じゃないかとみんなで言っていたんですよね。
　京橋あたりもみんな空襲にあっちゃいましたからね。東竹院が焼けちゃったあとは成田の龍淵寺というお寺があるのだけど、そのあとはそっちにいって、終戦後順番に帰っていったようです。もし焼夷爆弾が破裂していたらみんな死んでいたのですよ。

――空襲の時はどうされていましたか

森田　熊谷空襲のその日の事をお話ししますとね。
　飛行機が東の方からきまして、久下地区からずーっと熊谷の町に入っていって、爆弾を落としていった。僕なんかも空襲警報が鳴ったので、毎日の事だからすぐ飛び起きて、防空壕に逃げようっていうんで、出たら、もうねえ昼間みたいに明るくて、照明弾が最初に落ちたんだよね。一軒一軒みんな見えちゃう。それから爆弾が落ちてきたんだよね。Ｂ29が落としていった。ここら辺でも四十二軒焼けました。

――Ｂ29は荒川の土手沿いを来たんですか

森田　そうだね。そのように感じたが、よくわからない。久下に爆弾落としてから、それから町の方に行ったんですけどね。すごかったですよ。爆弾が落ちてくるのが見えて。私の家もね、裏に久下じゅうの繭を集めて乾燥していた家があったんですが、そこに爆弾が落ちて火がついちゃった。その繭の家に三月に東京で焼け出された人たちが三組やって来ていたの。その人たちは空襲を経験しているものだから、火を消せって言ってね、母屋の方には火が来なかったのだけど、繭の家は燃えちゃいました。
　家は土手の方に元屋敷という二階家があって、そこにも東京の方から疎開の人が来ていたのだけど、そこの人もそこで焼け出されちゃった。田んぼの中にも爆弾が落ちてね。家には二人嫁に行く年頃の娘がいたけど、その一人の子がね、戦争花嫁という言葉があったのだけど、戦争に行く親父の友達の息子に三月ごろ召集令状が来て戦争に行くことになって、親としてみればね、独身のまんま結婚もしないで戦争で死んでしまうのはかわいそうだっていうので、森田くんちの娘をくれないかって言われて、戦争に行くのが分かっていたけど結婚式を挙げたんですよ。本人はすぐ召集されちゃったけど国外には行かなかった。

終戦の時には関西方面にいたの。だから二か月くらいで帰ってきたのだけど、そういう昔は戦争花嫁というのがあった。戦争に行く人たちにとってみれば、家族を残してきたから一生懸命生きるという気持ちになれるってね。それで焼夷弾が落ちた裏の家に花嫁道具があったから、道の端に持ち出したわけ、毛布をタンスにかけたけど、そうしたら、田んぼに大きな爆弾が落ちたんで、油がタンスのところに付いちゃった。みんなで夢中で消しましたけどね。そういうこともあった。空襲というのはどういう形で来るかわからない。その日は三回くらい編隊が来たからね。

――ちなみにお姉さんはいくつくらいで結婚されたんですか

森田　二十六歳くらいだったかな?

――ちょっと今となったら考えらないですよね。私もちょっと嫌ですね。せっかく結婚するっていうのに旦那さんがすぐに戦場に行くってこと分かってて結婚するんですもんね

森田　勇気がいるよ。戦場に行ったら死んじゃったか、わからないんだから。それでも戦争に行く人は一所懸命国のために戦争に行くんだから、結婚させてやろうとそういうことだよね。

旦那さんは優秀な紳士服の職人だったから東京の文京区で商売を始めて、晩年は裕福に暮らしましたけど、そういう話があります。

夜の十二時ちょっと前に熊谷の空襲は始まったわけだけど、次の日のお昼の十二時頃に大切な話があるっていうので、向こうの家がまだ燃えていたから、みんなで消しに行っていて、そこで玉音放送を聴いたものだから、みんな泣き崩れちゃってね。

――玉音放送も東京から疎開してきた人も一緒に聴かれたんですか

森田　そうそう。でも、全部燃えちゃったんだからね。

――よく写真で一つのラジオを大勢聴いているのを見るんですが、そんな感じだったんですか

森田　そうそう小さいラジオでね。みんなで聴きましたよ。

そうしたら、風評みたいなものが流れてきて、アメリカ兵がやってきて女の人たちが連れていかれちゃうとかいうので、みんなで荒川へ行って飛び込んで死んじゃおうよとかいう話をしていました。そのくらいお互い（日・米）知らないものだからそんな問題もあったりして、戦争に負けたのはずいぶん悔しかったわけだけどね。

熊谷の星川を中心に二百六十六人も亡くなったわけだけど。焼夷弾というのは大きな爆弾ではなくて、手で持てるくらいの直径十五センチくらい長さ四十センチくらいで、その中に生ゴムと油の混合物が詰まっていて、その生ゴムに火がついてなかなか消えないわけです。そういうのがタンスのところについちゃって、大変だったね。父親がこの辺りの連合会長をやっていたので、家にいないものだから、疎開の人が火を消すのを手伝ってくれました。

まー何しろ、第二次世界大戦の最後の日に焼けちゃったわけだからね。B29に乗っていた人たちも爆撃をやめるっていう指令が来るのを待っていて、本当は爆弾を落としたくなかったという話を新聞で読みましたよ。もう少し早く終戦になっていたらね。ポツダム宣言の受諾を決めても、軍部の抵抗があり、中々終戦にならなかったからね。

――この最後の空襲の時、空襲警報は聞いていらっしゃいますか

森田　そうだよ、夜中だったからね。聞いて飛び起きた。

――その頃毎日のように警戒警報や空襲警報があったんですか

森田　そうだね、最後の方になると熊谷上空の方に来なくても、群馬の方や館林に飛んできても鳴っていた。一度、射撃を受けました、道路のところで太田の中島飛行幾が空襲されるのを見ていたんです。友達三人で見ていたんですよ。そうしたら一機がこっちのほうに飛んできて急いで家に逃げろって言って逃げ込んだところにバリバリバリ~って飛行機が通ったんですよ。そうしたらその飛行機が曙町の方に飛んで行って、おじいさんが庭にいたところを直撃されて、そのおじいさんが亡くなっちゃったという話を聞きました。すぐそこに大きな家があったんだけど、そこの家にも薬きょうがザルに半分くらい落ちていたという話だった。荒川の玉石を運ぶ馬も一頭やられちゃって。早いですよ、グラマンとかムスタングという飛行機で小回りが利くからね。怖い思いをしました。B29は高度一万メートル、空襲時は五千メートルで飛ぶんだけど、グラマンとかムスタングは艦上戦闘機。

――中央公園の平和の鐘の建立に関わられたのですか

森田　中央公園の平和の鐘は、熊谷中央ライオンズクラブで私が実行委員長をやって造ったんですよ。高城神社の神主さんに来ていただいて入魂式をやりました。最後の空襲が起きて五十周年に建てました。御霊の安らかになることを願い若い人たちに平和の喜びを知ってもらおうと思って建てました。

――もっと熊谷市民の皆さんに伝えていきたいですね。私も星川の灯篭流しの事も知らなかったんですよ。知らないことがいっぱいです。当時学校は午前中で終わっちゃたんですか

森田　六年生は理研とか八木橋さんなんかでも部品を作っていたんだよ。

――職場体験みたいなものですか

森田　職場体験なんてものではないよ。仕事としてやらされていたんだからね。五年生は朝行って一時間目で帰ってきちゃうんだ。学校から帰ってきて、みんな出征兵士の家に行って、お蚕だとか、麦刈りだとかみんな生徒が手伝った。

　我々だって食べるものがないから、サツマイモの茎を小さく切って、つくだ煮にして食べたり、草木も色々食べていたよね。開墾できるところは何でも作って、豆やジャガイモやサツマイモやみんな作ったね。食べるものは自給自足でみんなやったんですよ。

――勉強というより生きていくために必要な事をやるのが一番だったんですか

森田　勉強よりも国民一丸となっていたから、みんな出征兵士になって人手が足らないんだから、行きなさい！だからね。みんな家に帰るほうがいいに決まってるんだけど。

――今だったらみんな家に帰ってゲームですよ。ちなみに戦後の学校はどうだったんですか

森田　二十年、二十一年まではそれまでの学校でやっていた。昭和二十二年に新教育法が出来て、六・三・三制の制度ができて、町村合併もあって、久下と佐谷田と成田と星宮で一緒の学校を作った。理研の工場を借りて、桜田中学としての授業をやった。熊谷高女なんかも校舎がなくなったから当時の桜田中学の講堂を使って体育の授業をやっていた。小学校だと三十二くらいあったのが中学校が十二に統一された。

――戦時中の疎開の子たちは普段どういう生活をしていたんですか

森田　東竹院で授業をして、あと、校外授業として河原でみんなして豆やイモを作ったり自給自足だね。みんな誰もお金をくれるわけではないから。この辺は私の家もだけど一週間に二回お風呂いれてやっていたよ。近所の家で、一回ね、イチジク事件というのがあって、おなかがすいたっていうんで、疎開児童の子たちがまだ青いイチジクまで取って食べて、黙って食べちゃったもんだからもうその家はお風呂入れないっていってね。そんなこともあった。

――当時森田さんは荒川で魚を捕ったというお話でしたが、疎開の子たちも一緒に川で魚を捕っていましたか

森田　やっていましたよ。魚はいっぱいいたんだから。

――今、森田さんが若い人達に伝えたいことは何でしょうか

森田　戦争は絶対にしてはいけない。何しろ、戦争があってはいけない。幸せになる戦争なんてありっこないんだから。今の戦争は恐ろしい。なんでかんで戦争はダメだよね。

インタビューを終えて

埼玉県立伊奈学園総合高等学校歴史研究会

小林江梨花

二〇二〇年一月六日月曜日、熊谷空襲体験者である森田隆夫さんにインタビューを行った。「インタビュアー」という責任の重さを感じつつ、当時の状況を伺った。森田さんは記憶を辿りながら、事細かに語られた。森田さんは昭和十年三月六日生まれ、御年八十四歳。熊谷空襲があった当時は国民学校五年生、久下に生まれ育った。まず、戦争が激化する中、東京から熊谷市久下にある「東竹院」へ学童疎開にやってきた人々ようすについてお聞きした。

そこで私は耳を疑うような衝撃の事実を知った。まず一つ目は、東京から学童疎開の引率でやってきた「神部先生」の奥さんとのエピソードである。神部夫妻は結婚した後、疎開するのにあたり、熊谷まで奥さんの嫁入り道具をすべて持ってきた。箪笥からなにから重いものを運んだが、熊谷空襲により燃えてしまった。終戦後、奥さんは熊谷に残ったという。この話を聞いて私は、東京の人が安心だと思って覚悟を決めてやってきた、その「覚悟の重さ」に初めて気づいた。嫁入り度具をすべて持ってくるとは、もう東京には戻れないと決心したのだろう。まさか疎開先で空襲に遭うなんて思ってもみなかっただろうに、と彼らに同情にした。

二つ目は当時の学校生活について。いかに現代の私たちの生活が恵まれているのかを強く実感した。「朝に登校してから一限だけ受けて下校」と聞いたときは正直、うらやましいと思ってしまった。しかし考えてみれば、一限だけしか受けられない学校に行く意味を私は見出せない。小学生の頃を思い出すと、まだ眠気の冷めない一限を受けて、友と楽しくおしゃべりした休み時間。空腹と戦いながら午前中の授業を受け、待ちに待った給食を食べる。午後の授業は残りのエネルギーを振り絞り、友と「宿題が嫌」だと言い合いながら下校する。今の私の生活もほとんど変わりはないが、そんな一日の授業が大好きだった。この時代に生まれてよかった。そしてこの当たり前が当たり前でなかった時代があったことを忘れてはならない。日々の感謝を忘れずに生活していきたい。

また、当時の小学生は一限だけ受けて下校した後は多くの家の手伝いをしたという。一家の大黒柱や育ち盛りの頼もしい若者が戦争に行ってしまったから、奥さんと幼い子供だけになってしまった家庭の力仕事などを学童が助けたという。自分の家の手伝いだけでなく、ほかの家の手伝いをするなんて今では考えられないと思った。周りの人々と協力、連携、まだ八～十二歳ほどの子が重要な役割を担っていたことに衝撃を受けた。

三つ目は戦争花嫁について。この話を聞いたとき、唖然としてしまい、「私だったら絶対に嫌」と気づいたら口にしていた。それほど衝撃が大きかった。いつ帰ってくるのか、本当に帰って来るのかわからない相手を待つ精神力は私にはない。当時の若い女性はどう思っていたのだろう。「仕方ない」と自分に言い聞かすのだろうか。肝が据わっていると言えば聞こえは良いが、当時の女性がそんな苦しみに耐えていたと思うと悲しくてたまらないし、泣きそうになる。戦争の悲惨さを思い知る一番のエピソードである。

四つ目は空襲に襲われたとき、東竹院で起きた奇跡のような話である。雨のように焼夷弾が降る中、学童疎開の子も含め皆で防空壕へ逃げたという。すると防空壕の入り口に一つの焼夷弾が。しかし、幸いにも不発弾であった。東竹院には魚藍観音があったことから「観音様のおかげ」とみんなで涙ながらにほっとしたそうだ。このエピソードをきいて、胸の奥がジーンとした。助かって本当に良かったと思ったと同時に、学童が普段から遊びたいことも勉強したいことも我慢して手伝いをしていたからこそ、観音様の御加護があったのではないだろうか。

今回のインタビュアーという貴重な体験を通して多くのことを学んだ。戦争を知らない世代の私たち高校生が空襲の体験者から話を聞くことは、後世に歴史を残すためにとても大切なことである。教科書には書いてない歴史も身近なことなのだから、特に若い世代の私たちは学ばなくてはならない。「戦争を知らない世代」でも、「体験者」でなくても、後世に伝える「伝承者」になることはできる。今回のプロジェクトでそう強く確信した。

熊谷空襲体験者

夏苅敏江さんへのインタビュー

●日にち　二〇二〇年七月二十九日（水）
●場　所　埼玉県立熊谷女子高等学校
●熊谷空襲体験者　夏苅敏江さん　一九二八年（昭和三）年一月十八日生まれ
九十二歳
●インタビュアー　熊谷女子高等学校日本史部
魚住夏未・黒澤菜摘・大久保咲那・廣原夏鈴

インタビューを終えて大先輩の夏苅さんと記念写真

夏苅さんは昭和十九年、熊谷高等女学校（現、熊谷女子高等学校）を卒業し、熊谷防空監視隊本部の女子監視隊に入隊した。昭和二十年八月十四日深夜の熊谷空襲の時は勤務中だった。母校での体験者インタビューには、「あの時の恐ろしい体験を後輩の皆さんにお話ししたい」と、準備をしっかりされて臨んだ。

――当時の様子についてお聞かせください、まず防空壕について知りたいのですが、どのようなものでしたか

夏苅　防空壕ね、各家庭で造らなくてはならなくて、義務的になっていましたね。なんつったって過酷な戦争中でしたから。例を言えば、私の家なんかは、縁の下をさらに掘って、家族が入るだけのスペースを造ったの。お庭に丸く造ったり、どこの家庭でも家族で力を合わせて造っていましたよ。

――私のイメージでは大人数で集まって防空壕に入るイメージでしたが、学校の中にはなかったんですか

夏苅 私は昭和十九年に卒業したから、記憶が定かでないけど、防空壕はなかったわね。

――サイレンがよく鳴っていたと思うのですが、避難訓練は頻繁に行っていたのですか

夏苅 避難訓練もね、あの当時は〝隣組〟がわりあいに結束していたので、どこの町内でも♪トントントンカラリンと隣組♪と言ってね、ご近所が仲良く、戦争に勝たねばならぬって。今思えばね、資源もない日本が勝てるわけがないんだけど、その頃は、そういう思いでした。町内には、必ず男の人でしっかりしたおじさんが指揮をとって〝やりましょう〟と言ってくれるから、私たちは付いていくだけでしたね。

――熊女は軍需工場になっていたのではなかったですか

夏苅 例えば、兵隊さんの襟に赤い印を付けたりしましたよ。休み時間にみんなでそういうのを、やらされたって感じね。福島さんという材木屋さんが駅の方にあったんだけど、毛皮が付いている防寒着のボタン付けなんかもやりました。動員されたんです。高校でやったのではなくて、行ってやりました。

――避難訓練の頻度はどれくらいでしたか

夏苅 そんなにちょくちょくは出来なかったと思います。

――八月十四日深夜の熊谷空襲の時はどこにいらっしゃったのですか

夏苅　私は戦時中監視隊というところに勤めていました。女子監視隊という組織があるの。熊女を卒業したら、そういう組織があるから入りなさいということで入ったのよ。百人が四班に分かれて勤務するのですが、今でいうなら、高城神社の第二鳥居の右の方、今は空地になっているところに本部があったのね。

八月十四日の夜は私達第二班の勤務日だったわけ、そしたらあの空襲になっちゃったでしょう。家がみんな炎になっちゃったもんだから、それを見ながら恐ろしくってさ。夏だからね、青蚊帳を吊っているわけ。蚊帳に火の粉が飛んでくると火事になっちゃうから、駆け上がってね、雨戸を閉めたり、ガラスがガチャガチャガチャガチャと落っこちてくるんだよ。それでみんなで悲壮な思いしちゃってさ、大変な騒ぎになっちゃった、そういう思いをしました。

女子監視隊というのは何をするところかと言うと、田舎の方にね、監視哨というのが南河原、行田、深谷、籠原などに建っているわけ。そこには男の人がね、目を光らせて、敵機が来たとか味方の飛行機が来たとか監視している。そして女子監視隊のところに電話してくるわけ、通信で。そうすると私達が、東部軍司令部に報告するわけ。そういう通信事務をやっていました。前日には熊谷のはずれに奈良村（現、熊谷市奈良）ってあるでしょう、あそこのところなんかもね、敵のアメリカ機が旋回していたみたい。空襲の時の事を思い出して歌にしてみました。

それ伏せろと隊長の声に息のみて恐ろしかりし日明けて敗戦

それから十五日には天皇陛下から詔がありました。そこでみんなでラジオの前で神妙に聴いていて、日本はだめなのね、負けちゃったのねと言って、私達はみんな泣いちゃったわけ。みんな全国の人が泣いた。そういう状況だったので。歴史だからね。だからみんなに報告したくてね。

星川も今と違って狭い流れでしたが、大変で、近くの方は沢山亡くなられて、うなぎ屋のおかみさんもね、火傷で顔がひっつれちゃったと、うわさで聞いたわよ。みんな、星川に行けば、水で少しは体を火から防げるかと思って、飛び込んじゃったの。そこで百人以上が亡くなっちゃった。ほんとに恐ろしかったのよ。熊谷の空襲を忘れちゃあだめ。そういう恐ろしい思いをしてね、沢山の人が亡くなっちゃったんだからね。星川に女神像を立てて、亡くなった方を供養したのよ。

――夏苅さんの家は燃えたのですか

夏苅　私の家はね、高城神社の第一鳥居の隣にやまやさんという大きいお酒屋さんがあって、その隣が松坂屋という旅館があったの。その隣が私の家で、寿司屋だったの。もちろん焼けちゃったよ。今もあそこを通るとね、あそこだったなあと思うのよ。その私の家の隣が印刷屋さんで、その隣が百貨店、その隣が郵便局で、その隣が警察だった。女子監視隊は、第二鳥居のところにあったでしょ。焼けなかったけど、壊しちゃった。焼けなければ熊谷の町も建物が残っているわよね。本町の家は焼けちゃったこともあって家も引っ越したのよね。そりゃあ混乱の時代だから、子どもを大きくしなくちゃならないから、どこの家もみんな必死で働いた、親は必死だったと思うわ。親はありがたいわね。今は暮らしやすいといえば暮らしやすいわね。

――もう一度確認ですが、夜中なのに監視隊本部にいたのですか

夏苅　いたわよ。夜中でもその日は私達の勤務の日だったから。そこから火の海を見たのよ。

――ここからは、「呉竹」という資料の中で私たちが気になった、戦時中の日常生活について質問させてください。部活動が定期テストで決められたというのは本当ですか？　ちなみに夏苅さんは学校生活の時は何部に所属されていましたか

夏苅　学校時代はずいぶん色々あって、自分のやりたい部に入っていました。わりあい熊女はバレーも強かったし、籠球（バスケット）も強かったんですよ。だけど私は体が小さいでしょ。だからそういうのはやれなかったんだけど、何かやらなくてはいけないから、給食の調理のおじさんが年を取っていて大変になってきたんで、給食の野菜を切ったりするような手伝いをやったんですよ。戦時中だから、長刀《なぎなた》なんかもありました。幾人かは給食の手伝いをしていましたよ。先生に言われれば、その頃はそうですかと、そういうのが当たり前の時代だったんです。先生だって、そんなきつくは言わないわよ。

――部活を決めるためのテストはありましたか

夏苅　そんなテストなんてありませんでしたよ。バスケットだってバレーだって、みんな好きな人がやっていました。

――資料で〝修練〟というのを見たのですが、どういうことをやられたのですか

夏苅　競歩みたいなのをやったよ。競歩はすごいよ。行田の方まで行きましたよ。それこそ休んではいけない、修練だね。

――資料には修練をやって成績が決められたと書いてありましたが

夏苅　そういうこともあったかもしれませんネ。早朝に始まって、行田の川の方に小さい祠があって、そこまで行きましたよ。全校生徒でやりました。人数が多くいれば早い子もいるし、遅い子もいたけど、何も遅いからといって、しおれることはなかった。体力を高めるためにやっていたのよね、きっと。何といっても戦時中だからね。

――心が休まるような遊びは何かありましたか

夏苅　運動会はあったよ。戦争中だから派手なことはできないけど、みんなでかけっこしたり、障害物競争をしたりしたね。五十米競走、リレーなど人気でした。

――やってはいけない遊びはありましたか

夏苅　でもそれは学校で決めてあるから、生徒もわかっているから、選んでいるよね。私ももう九十二歳だから、ずいぶん経っちゃったから忘れちゃったわね。

――お手玉とかはやらなかったんですか

夏苅　お手玉は休み時間に持ってきてやったよ。お手玉の得意な子が、出来ないけどしたいという子に教えてあげたり、布を持ってきて作ったりしていたよ。

――夏苅さんが一番好きな遊びはなんでしたか

夏苅　おはじきとかそういうのはみんな好んだね。竹馬はやらなかった。縄跳びとかは体操の時間にちょっとやった。昔の遊びと今の遊びは違うよね。時代とともに、年月が経つと、なんでも変わって来るから。

――先ほどの話で軍需工場の話が出ましたが、軍需工場ではどんな仕事をしていましたか

夏苅　福島さんという材木屋さんで、寒いところの兵隊さんの防寒の毛皮を被るやつのボタンを付けていたのよ。今日はあそこへ行きますといって、先生が引率して行った。今日はこのクラスとかいってね、授業をやらないで行くんですよ。

――お金はもらっていましたか

夏苅　そういう記憶はないわね。

――学校から集団でその働くところに行ったんですか

夏苅　ちゃんと並んで整列して先生に引率されて行って、決められた事をやっていたんですよ。

――個人個人で就職とかそういうことはなかったんですか

夏苅　ないね。授業の時間に、先生方が今日はどのクラスを連れて行くというのを決めたんじゃないかな。

――授業はあったんですか

夏苅　なんていったって戦争中なんだよ。そういうので助け合って、日本国を何とかしなくてはしょうがないがね。それは、子どもながらに愛国心はみんなあると思うよ。今、日本は大変な時なんだって、それくらいはわかるがね。だけど、一々私が行きますとか言わないですよ。先生に引率されて行ったわけだから、それは行きますよ。反抗なんてしないですよ。

勉強はあったよ。移動教室といって、教科によって移動しました。

――ほぼ毎日ボタン付けをしていたのですか

夏苅　そうじゃないよ。今日はこのクラスのこの時間は、ボタン付けに行きますって朝言われるから、そうしたら先生に引率されて行く。先生方がスケジュールを組むんじゃないの。

――食生活はどのようなものでしたか

夏苅　食生活といったって、栄養的の面だってね、そんなに今ほど綿密にやらないもの。今は日本もみんな食生活は向上しているでしょ。だから栄養面だってかなり贅沢なものを食べているじゃない。なんでも捨てちゃう、そういうテレビなんか見るとね、もったいないなって思っちゃうよ。

――ご飯の中にお芋を入れて食べてたりしていたのですよね

夏苅　そうそうそう、だってみんな配給だもの。お米だって配給だよ。お米も、サツマイモもみんな各家庭で、みんな配給。隣組はみんな仲良しだった、みんなで耐えていた。あの頃と比べると、今はみんな体格がいいよね。友達とも話すんだけれど、あの頃はみんな我慢してたから。お肉とかそんなものなんかないよ。だからみんな太るわけない、伸びるわけない。だから、私たちは背が小さいよねと嘆いているよ。

――おなか一杯食べられたのですか

夏苅　だから、それが問題。足らないもんはおさつ（サツマイモ）だよ。昔配給になったのは沖縄のおさつで、ごつごつしていて、水気ばかりあっておいしくなかった。かぼちゃなんかも八百屋で取り合いになるくらいだったけどたまには買ったよ。七人家族で子どもはどうにかいっぱい食べたんじゃない。みんな子どもに食べさせるんだからって、それが親子の愛じゃない。本当にお粗末なお食事だったわね。みんなどこんちも同じだからね。配給だから。それでも戦争中だから、子ども心にみんな我慢していたわ。

――当時はどのような服を着ていましたか

夏苅　着るものはみんな兄弟姉妹でお姉ちゃん、お兄ちゃんのお下がり。モンペをはいていたわ。私なんか卒業の写真を見ると、モンペをはいてた。上は、ここのさ、へちま襟の白いブラウス。制服。だから、なんでも戦争のために我慢させられるというより、子ども自身が我慢してたわね。だけど、不服なんか言わないよ。戦争なんだからしょうがないって、我慢。〝欲しがりません勝つまでは〟という合言葉だよ。でもね、みんな素直でね、ひねくれて意地悪するとかなかったわよ。

――英語は禁止でしたか

夏苅　あの頃日本は勝つと思っていたのよね。だから英語はやらなくていいって先生も言っていたのよ。英語なんかやらなかったよ。ほんとに。

――私たちはイメージはとか日常会話で英語を使うんですが、英語を使ったら、先生に怒られるとか、罰則はあったんですか

夏苅　英語しゃべるって、はじめから勉強しないもん。そして、先生も英語はしなくていいというし、みんな英語にあまり興味がないわね。今は国際的な世界で生きていかなくてはならない時代になったから、英語はしっかりやらないとつまんないわね。

――先ほど「欲しがりません勝つまでは」はスローガン、バスケは籠球とおっしゃってましたね

夏苅　バレーボールが排球。

――英語は知らなかったのですか

夏苅　知らなかったわよ。今は時代がいいからね。次々自分の夢を膨らませていってもらいたいね。

――天皇陛下の玉音放送を聴いたときどんな気持ちになりましたか

夏苅　それは、日本が負けちゃった～という気持ち、みんながねラジオの前で泣いてたよ。よくテレビで出るでしょ。宮城の前でおじいちゃんおばあちゃんが泣いているじゃない、本当なんだよ。誰も負けるとは思ってなかったから、誰も自分の生まれた国を愛さない人はいないよね。勝つと思っていた。各地で大泣きに泣いたっていう話は聞いたよ。

――外国人に出会うことはありましたか

夏苅　全然、全然、全然出会うことはなかったわね。

――戦後は出会うことはありましたか？　そこら辺に外国人いるな～って

夏苅　進駐軍が入ってきたからね。進駐軍が家に入ってきたらやっつけなくてはいけないから、長刀《なぎなた》の訓練したりね。熊谷もその頃は進駐軍が多少来たみたいね。

――やはりそれは怖いとか恐ろしいとかいう感情が大きいですか

夏苅　恐ろしいとか、誰だっていやじゃない。進駐軍がね、恐ろしいっていうか、そんな時代もあった。そして、よくチュウインガムとかなんかくれたりしてね。でも乙女だったからね、そりゃあ怖かったね。みんな家を閉めちゃってね。

――百人一首は恋愛の歌が多いから、愛国百人一首というのが出来たんですか

夏苅　そういうのが作られていたらしいわね。でも古代から連綿と続く歌は、私もやってるけどみんな恋の歌でしょ。日本の芸術作品だからね。みんなそうだもの。禁止とかそういうものはなかったけど、している暇がなかった。みんな兵隊に行っちゃったでしょ。これはいろいろ語るとね、可哀そうなものがあるんだよ。人は愛し愛されるものでしょ。夫が行っちゃってね。防人の歌っていうのもあるじゃない。自分の好きなもの、趣味を持つってことは一生の宝物だと、みんなに言いたいのよ。年を取ったときに、好きなものをやっているのは、いかに自分の老後を豊かにするか、それは実感ね。

――戦後に関しての質問ですが、アメリカ兵に対してはどちらかというと負の感情でしたよね。でも、アメリカ兵と腕を組んでいたという女性の資料を見たんですけど、実際夏苅さんは見かけましたか

夏苅　そうね、うわさは聞いたわね。駅の方にそういう人がいたっていう話をね。でもね、私たちは話を聞くだけだから、〝やだねー〟と言っていたわね。だって、別に真剣じゃないだろうしさ、こっちの女の人だって、どんな思いかわからないからさ、うわさを聞いたときは、びっくりしちゃったわ。終戦後の混乱期だから、風俗の乱れることをしている人がいるっていうのはうわさで聞いたわね。パンパンという言い方もしていた。

でも、そんなの一部の人で、みんなは生きるためにどうするか、そういうことに必死で、どういうところにお勤めしようとか真剣に考えている人もいっぱいいたよ。もう終戦から七十五年も経っちゃたからね、あやふやになっちゃったわ。でも、中には真剣な人もいたかもね。アメリカへ行っちゃったという人もいたから。

――戦後は恋愛をするという余裕は出来ましたか

夏苅　そうね、そういえば、あの頃（戦前）映画館はあったわよ。私達もよく行ったものよ。椅子なんかいっぱ

いになっちゃって、立って観る人が沢山いた。文映だっけ、職場の男の人と一緒にいる人がいたりすると、すぐ噂になっちゃうの。だけどね、そんな浮いた話は全然なかったわ。

――恋愛することはありましたか

夏苅 私？　ハッハッハ！　私たちはね、例えば結婚するっていってもね、親が決めるの。いいも悪いもあったもんじゃない。私より、もっと年の人がね、デイサービスに来ているの。親が行けっていうから、嫁に行ったんだって。当時は親がここへ行け、ああしろって、そんなこと何べんでも聞いたんだよね。その人は米屋にお嫁に行ったみたい。その頃は愛情なんてないし、交際なんかもしないから、親が行けって言うから行くのよ。

――戦争花嫁っていうのはあったんですよね

夏苅 それは親同士が決めるの。親だって考えているんだよ。結婚もしないで戦争に行って、亡くなったらあまりにも可哀そうでしょ。あんまり考え無しに結婚していたわね。逆縁婚というのもありましたよね。自分の血筋というものを大事にするっていうことよね。（編集部補足、逆縁婚とは例えば夫が亡くなった場合、夫の兄弟と結婚すること）

――女の人の気持ちはどうなんでしょうね

夏苅 だからさ、当時は親の言うことはそのままきくもんだから。そういうもんだという感じだった。

――夏苅さんがもし、現在の熊谷女子高校で過ごしているとしたら、何をしたいですか

夏苅 私はわりあい堅実な方だから、勉強もきちんとして将来はちゃんと就職したいと思った。習い事が好きで、当時は長唄とかお琴とか日本舞踊とか、習いたいと言うと、親が習わせてくれて、学校の帰りに寄って、習わせてもらったわね。私より一つ上の相島エッコさんという方。息子さんは、相島一之さんていう俳優さんです。大変苦労したみたいですが、今はテレビにもよく出ています。だからね、人生はね悲観することはないのよ。ちょっと落ち込むと、みんな悲観的になっちゃうけどね、何とかなっていくものよ。

人生の先輩として一言言っておきたいのは、自分の決められた運命《さだめ》に従って自分の人生を歩んでほしいということです。いろんなことが去来するけれど、いつもそう思います。最終の日まで目標に向かって晴れ晴れと生きて心豊かに過ごしたい。それには自分の趣味を持つことも大切だと思います。あなた達は若い。未来の夢に向かって大いに羽ばたいていてほしいです。

――ありがとうございました

インタビューを終えて

熊谷女子高等学校日本史部

魚住夏未　〝現代の平和という意識〟

今回、熊谷空襲についての実体験を聞くことができ、空襲というものを私自身がどれだけ他人ごとに考えていたのかを思い知りました。

今まで私は「戦争とは恐ろしいもの」と知りながら、心の隅では遠い昔の話だと考えていました。今回、実際に戦争中に高校生だったという夏苅さんを目の前にして、その時初めて空襲とは「ほんの」七十五年前にあったものなんだと実感しました。

夏苅さんのお話を聞いて、一番に感じたことは、戦時中と現代の私たちの意識の違いです。私は親が言うことに対して時々反抗したり、愛国心をとても強く持っているかと問われたら自信をもって首を縦に振ることは出来ません。それに対して戦争中夏苅さんは、親の言うことに従うのは絶対で、どんなに我慢を強いられる生活をしていてもお国のために尽くすのは当たり前で嫌だと思うこともなかったとおっしゃり、それを聞いて私は本当に驚きました。

「今はいい時代」と夏苅さんは今回のインタビュー中に何度も繰り返しおっしゃっていました。本当にその通りだと思います。戦争もない、空から爆弾が降ってくることもない、自由に遊び学べるこの平和を繋いでいくために、私たちが空襲というものを知っておかなければならないと強く感じました。

黒澤菜摘　〝熊谷空襲が残した悲惨な歴史〟

私はインタビューを通して、熊谷空襲が熊谷にもたらした悲惨な状況や戦争がどれほど辛いものだったのかを知ることができました。

インタビューをさせていただいた夏刈敏江さんは、熊谷空襲のあった昭和二十年八月十四日に、敵機や味方の飛行機の報告を監視哨から受け取り軍司令部に報告する女子監視隊としての勤務にあたっていたそうです。焼夷弾が落とされた時は夜中だったのにも関わらず、昼のように明るく、たちまち街中は火の海になってしまったといいます。今私たちが何気なく見ているこの熊谷の景色が、当時は真っ赤に燃えていたのだと思うと恐怖で胸が痛くなりました。そして、その翌日の八月十五日、天皇陛下の詔をラジオで聞いて敗戦を知ったそうです。戦時下の子どもたちは多くの我慢を強いられていたそうなので、どのような気持ちでそれを聞いていたのか、私には計り知れません。子どもたちだけでなく、大勢の日本国民がラジオの前で泣き崩れていたそうです。夏刈さんは「日本が負けちゃったんだな」とお思いになったそうです。おそらく頭が真っ白になり、漠然としか考えられなかったと思いました。

夏刈さんのお話をお聞きして、戦争というのはたくさんの尊い命を奪う残酷なものであったということを改めて実感しました。戦争の歴史を忘れるようなことがあってはいけないと思います。今回聞かせていただいた貴重な体験談をしっかりと心に刻んで、次の世代にも伝えていかなければならないと思いました。そして、今の自分たちが過ごしている当たり前の日常に感謝をして生きていきたいと思いました。

大久保咲那　〝空襲で考えさせられたこと〟

今回、熊谷空襲について女性目線の話を聞かせていただきました。体験談を聞くと、ＳＦ小説のように感じていた戦争というものや高校を卒業したばかりの女性が国のために本当に戦ったということが実感できました。

空襲前についてのお話を聞き、遊びは、かけっこ、お手玉、おはじきなど、戦後と同じようなことをしていると思っていたら、授業の合間に工場に行き防寒用軍服にボタン付けをしていたことや学校の給食用の野菜切などを手伝ったと聞き、自分には考えられないことだと思いました。そのことについて夏苅さんは「先生が言ったからそうしていた」「幼いながらも愛国心があったから」「日本が勝つと思っていた」などと話しており、戦争の風潮が当時の女性をこのようにしたのだと思いました。

空襲後のアメリカ兵について、怖い恐ろしいという負の感情が大きかったと聞きました。幼子がアメリカ兵に声をかける、また、中にはアメリカ兵と腕を組んで歩く女性もいたが、多くの女性は、必死に職を探していたなど恐怖より生きることに必死だったということがわかりました。日本の女性は強いなと思いました。

最後、夏莉さんは今を大事にしてほしい、今は良い時代など、今の平和について語ってくれました。私が今感じている普通の日常は、このような時代の流れから生まれていることをしっかり考え、感謝することが大切だと思いました。

廣原夏鈴　〝伝えていかなければならない歴史〟

私は、「当時の食生活はどのようなものでしたか。」という質問で、夏莉さんが、「当時は配給で、ご飯に芋を混ぜて食べていました。テレビなどで現代の贅沢な食べ物を簡単に捨てるなどを観るたびに〝もったいない〟と思いますよ」とおっしゃっていたことが、とても印象に残っています。以前、若者が、〝インスタ映え〟のために料理を注文し、綺麗な写真を撮るだけで料理を食べずに帰ってしまうということがありました。現代の人々は、たくさん食べ残しをしてしまう、必要以上に食べ物を買って無駄にしてしまうなど、平然ともったいないことをしてしまいます。当たり前のように満足に食事がとれることに感謝しなければならないと思いました。

また、熊谷女子高校の生徒も熊谷で空襲が起こったことや、校舎が焼けたことを知らない子が多いようです。今回のように、戦争について学ぶ機会を作り、悲惨な出来事から目を背けずにしっかりと伝えていかなければならないと感じました。

熊谷空襲の体験者である夏莉さんの貴重なお話を聞くことができて本当に良かったです。たくさんの質問に答えて下さりありがとうございました。

熊谷空襲体験者

高城三郎さんへのインタビュー

●日にち　二〇二〇年七月二十九日（水）
●場　所　埼玉県立熊谷女子高等学校
●熊谷空襲体験者　高城三郎さん　一九二九年（昭和四）年三月五日生まれ九十一歳
●インタビュアー　熊谷女子高等学校日本史部
猪鼻桃寧・久保明花莉・坂本彩夏・齋藤里音

高城さんは、県立高校で当時社会科を教え、熊谷女子高校でも教壇に立っていた。図書館や生徒会担当とし学校運営に熱心に取り組んだ思い出多き学校。今日は戦争当時の日記を持参し、時に板書もして、熱心に語りかけた。

――当時十六歳で、いまの熊谷高校の学生だったと聞いたので、まず、戦時中の状況についてお聞きします。八月十五日はどこにいて何をしていましたか

高城　私は、終戦の一九四五年八月十五日は家にいました。というのは、その年卒業したんだけど、八月二十四日に陸軍予科士官学校に入学する予定でした。四、五年前に物置を壊したら、昔の日記が十冊くらい出てきました。

あなた方はいま、十六歳ですね。私がこれを書いたのは十六歳なんです。当時のこと

のＮＨＫがある代々木、あそこはずっと原っぱだったんだけど、練兵場といって、そこに兵隊がたくさん並んで天皇が白い馬に跨って閲兵というのをやるわけです。だから天皇というのは雲の上の存在であると共に軍隊の一番偉い人。

ところが、その声を聞いたことがない。ラジオで初めてその声を聞いたわけです。日本語の調子がおかしいと感じ、なんというか、なんて弱々しい声をしているんだろう、この人は。あの軍服とは似ても似つかない。そういう意味のショックもありました。後で大人から色々聞いて、まあ大体分かっていたんだけど、これはポツダム宣言を受諾して日本が負けたんだということかと。

それで非常に不思議な感覚なんだけど、自分はもう軍人になって国のために命を捨てるという覚悟でしょ。それが気が抜けたというか、俺はこれで畳の上で死ぬんだという、そういう感じ。複雑ですね。ここに書いてあるように「この仇はきっととってやるぞ、アメリカめ」という感じと気抜けした気持ち。だって君たちと同じ歳ですよ。だから、今まで非常に若々しい気持ちで「天皇陛下のために死ぬんだ」と。それが一転した時の気抜けした気持ちは、想像できるでしょ。

――戦後、街の様子はどうでしたか

高城　何日かたって、今はないかな、本町に金子という綿屋がありました。小学校の時担任だった先生が、そこに養子に来ました。空襲の後お手伝いに来た時のことがこれです。

「八月二十一日。昨日、金子秀吉先生宅に伺い、松本・上野・前田らと共に後片付けをお手伝いせり。耐え難き悪臭と塵埃の中に復興のため、雄々しく立ち上がる人々の意気に感じたり」って書いてある。これが熊谷。熊谷という街は筑波町の辺りが一番細かったんです。本町に来るとこういう風に膨らんで、鎌倉町に行くとまた細くなって、蛇が蛙を飲んだような形だったんです。それはみんな焼けてしまって、今の本町通りは、あれは昔と方向も違います。復興して今のようになりました。

それまで毎日のように敵機の音がしてハラハラドキドキして防空壕に飛び込んだりしていたのに。それが何も聞こえないんです。そうすると蝉の音がやけに聞こえる。今までは電灯をつけると怒られていた。そして覆いをした。窓硝子は、割れると危ないから、テープを貼った。新聞を破いたりしてね。それらを剥がして、夜になって覆いを取って灯りが着いたら明るい。

なんて言ったらいいんだろう。あの電灯の明るさ。それから、もう敵機が来ないんだ。不思議に命が長らえた。そういう安堵感があるんです。だから徐々に徐々に街には活気が出てきました。それから、女学生を始め、女の人はみんなもんぺを穿いていたんですが、女の人はすごいね、直ぐにスカートを穿いたんです。だから女性がきれいに見えたね。ただなんていうか、複雑。悔しいというかそういうものがありながら、もう戦争はないんだという、そういう安堵感です。そういう中で軍国少年が立ち直ったのかというのは、また別の話ですけれどね。


――まわりの方も、高城さんも日本は本当に勝っていると信じていましたか

高城　これが不思議なんだけどね。その頃本当に知的な訓練を受けている人とか、そういう人はものが見えている。けれど、一般庶民というのは、脳天気なんです。いつか神風か吹くんだとか、今考えると馬鹿馬鹿しいけれど。客観的にみれば、状況は負けるに決まっているんだけれど、どこかで日本は負けるはずがないんだ、という気持ちをずっと持っているんです。不思議ですが。僕なんかも日本が負けるはずがないんだという気持ち、ある種の信仰じゃないでしょうか。空襲を受けても何があっても、負けるわけがないんだという気持ちを持っている方が楽かもしれない。だけど、「日本は間違っている。一刻も早く戦争が終わらなければ」と考えていた人は随分辛かったと思います。

――今、客観的にみてどんな精神状態でしたか。いつも焦っているとか、何かに追われているような気がするとか

高城　それは、思ったほどなかった。

最近『この世界の片隅で』という映画を観ましたか。あれを観た人で「あれはおかしいよね。けっこう呑気じゃないの」って言うんです。そして、僕も「あれは本当なんですか」って聞かれます。僕の答えは「本当なんだよ」。どうしてかって、幾らなんだって朝から晩まで「日本は絶対に勝つ。アメリカは敵だ」ってやっていたら、生きていけないよ。ラジオがガンガンやっていて、軍人が色々なことを言っても、やはり庶民は庶民の生活があるから、そこには笑いもあれば涙もある、生活があったんだよ。ただ、映画にあったように、ものは配給になるから、取りに行って並んだり、防空演習だなんて、馬鹿げたバケツリレーなんていろんなことをしながら、結構、人の噂をしたり、愛もあれば恋もあればと、そういうことでした。僕自身について言えば、本当に、不思議なようだけど、いつか自分は軍人になって国のために死ぬんだと思いながらも、それは辛いことだな、苦しいなという感じはしない。むしろ、教育されて、嬉々として国のために死ぬんだというふうに感じてました。

――当時の学校生活についてお聞きします。まず最初にこの学校の体育館の脇に「皇紀二千六百年」と刻まれた門柱があるのですが、熊谷高校にもそのような、当時の軍国主義教育の象徴のようなものはありましたか

高城　それは知りません。ただ、「皇紀二千六百年」というのは大変な行事でした。知っていますか。皇紀っていうのはね、西暦に六百六十を足すんです。何でかというと、「十干十二支」はわかりますか。甲乙丙丁…子丑寅…を組み合わせると十と十二の最小公倍数でワンセットになります。それで、六十になると今でも還暦、暦還りといって、その一番始めが甲子《きのえね》です。古代中国の思想では、その甲子や特に辛酉《かのととり》の年には大変革があり、そのワンセット六十の二十一倍（千二百六十年）毎に更なる大変革があると考えられていました。そこで聖徳太子の摂政期の辛酉の年六百一年からそれだけさかのぼって、紀元前六百六十年を神武元年としたというのです。これ

には天智天皇の仮即位の辛酉の年六百六十一年から六十の二十二倍（千三百二十年）さかのぼるという説等異説がありますが、神武天皇自体が神話上の天皇で、もともと科学的根拠などありません。

そこでちょうど二千六百年に当たるのが昭和十五年でした。この年には歌ができて式典もあって色んなところに記念碑が建ったりしました。私は小学校の六年生でした。「式典の歌」というのと、一般的なラジオ歌謡があり、今でも覚えています。ちょっと余計なこと言いますが、「ゼロ戦」って知っているでしょ。あの戦闘機は二千六百年にできました。それで、零をとって、海軍零式艦上戦闘機と言いました。また、ハワイを攻撃した九七式艦上攻撃機は二五九七年。九九式艦上爆撃機は、二五九九年からとっています。

――当校では適性によって何部に入学するか決められたり、熊谷から太田までという苛酷な競歩大会で足のマメを検査したそうですが、熊谷高校ではそのようなことが行われていましたか

高城　熊谷中学では、戦争にまつわる行事はいっぱいありました。

例えば、昭和十六年の十二月八日。開戦ですね。毎月八日は大詔奉戴日といいました。お弁当は日の丸弁当で、梅干し一つ。それから、僕らは教練というのがありました。要するに兵隊のまねごとです。一年、二年は何も持たない。三年以上は銃を持ってやります。全部軍装です。学校に通う時もゲートルを巻いていく。校門には五年生が腕章を付けて銃剣で立っている。ゲートルの巻き方がいい加減になっていると、五年生に「巻き直せ」って怒鳴られる。そして、大詔奉戴日なんかが来ると校庭に集まってね。当時は皇居でなく宮城と言った。宮城遥拝というのがありました。「附け剣」と言うと剣を抜いて銃の先に剣をつける。軍隊と同じです。そして「捧げ筒」の号令でラッパ隊が君が代を奏楽します。今のものと違ってラッパの君が代という荘重な曲がありました。そして「直れ」。全く軍隊式でした。

それから、閲兵や分列行進というのがありました。全校週番の週番長が台の上で校旗を持っていて、その前を行進してくるわけです。そして号令で「頭、右」とかやります。歩きながら。学校には先生の他に軍人がいました。配属将校と言って、僕らの時は、現役の陸軍歩兵中尉でした。その人が中心になって学校教練をやります。軍隊に入ると「歩兵操典」といって、軍隊の演習の教科書があります。それと同じようなものを僕らも持たされました。

学校教練の教科書の一番始めに書いてあるのは、「学校教練の目的は学徒に軍事的基礎訓練を施し、至誠尽忠の精神培養を根本として、心身一体の実践鍛錬を行い、もってその資質を向上し国防能力の増進に資するにあり」。いつ軍隊に入ってもできるように普段から訓練しておけということでしょう。

射撃の訓練もやります。そういうのをうまくできたかどうかを、陸軍のお偉方が来て見るのを査閲といいます。そこでもし変なことがあると学校の不名誉になる。だから学校全体が、校長先生を始めピリピリしていました。一日終わると、偉い軍人が台の上に立って「本日の講評を行う」。査閲が一年に一回ありました。

――学校では避難訓練など、身を守る練習はしましたか

高城　僕らが学校にいた時にはまだ空襲はなかった。だから、火事などの避難はやったかもしれないけれど、空襲の避難訓練はやっていないです。

――学校には防空壕はなかったんですか（熊女には二つありました）

高城　なかったです。というか、まだそこまでいってなかった。B29の空襲が始まったのは、昭和十九年の十一月です。僕たちは工場へ行ったからね。それまでは空襲というのが日常的な体験ではなかったです。工場には、防空壕がありました。艦載機が来ると工場の外へ飛び出しました。

――十九年の十一月というのは、熊谷ではないですよね

高城　東京で初めてＢ29の空襲があったのは、十九年の十一月二十四日でした。その当時Ｂ29は一機で来て、写真を撮って行きます。熊谷の上にも来ました。僕はちょうど農家の手伝いをしていました。その時、空襲警報が出ました。でも一機来ても爆弾は落とさない。それから空襲があり、また飛行機が来て、どのくらいうまくいったかなと撮影していく。だから一機来た時には、しまいに警戒警報で、空襲警報は鳴らなくなりました。もう飛行機が来ても誰も驚かない。あれは爆撃じゃないんだなと。だから、広島で一機来た時に誰も逃げなかった。原爆を落として、あれほどの被害にあったのは何かと言ったら、一機や二機来てもみんな驚かない。エノラゲイが来た時、女の子が体操していたり、街で後片付けしていたり、お母さんが家庭菜園で胡瓜を取っていたり、全く日常の生活。電車は走っているし、通勤の人は歩いている。ちょうど八時十五分、皆が活動している時間。そこに原爆が落ちたから、ああいう悲惨なことになった。（※事務局から補足で、Ｂ29が熊谷空襲の前に撮った航空写真と空襲後評価するため撮った写真を紹介）

――学校での一日のスケジュールを教えてください

高城　朝礼が毎日ありました。校長先生が壇上に上がり、資料にある「朝礼時奉読斉唱文」を読み上げます。「五箇条のご誓文」とか吉田松陰の「士規七則」とか「軍人勅諭」とか、これを校長が言うと、みんなが一緒に言う。「軍人勅諭」は本当はもっと長いんですよ。これを全部覚えさせられました。学校生活ではとにかく上級生が権威がありました。ちょっと教室がやかましかったりすると、廊下から戸をがらっと開けて「静かにしろ」。途端に静かになりました。先生より怖い。でも下級生を育ててやろうという気持ちがとてもある。僕は、行田からだから、熊中に五年生が五人しかいない。だから尊敬したし、随分面倒を見てもらいました。

戦時中は英語の授業はなかったと言う人がいるけれど、そんなことはない。英語の授業はありました。でも、英語の先生はちょっと肩身の狭い思いをしたみたい。難波先生という英語の先生が、授業中に言われた。「今英語が排撃されているけれど、日本は明治維新の時に廃仏毀釈などがあり、壊したお城、寺院仏像が随分ある。後になってみると、あれは伝統的なもので、残しておけばよかったと後悔している。今に英語も、必ず必要なときが来る。だからみなさんは馬鹿にしないで、勉強できるときはした方がいいです」。おとなしい先生でしたが、その悲しそうな顔を今でも覚えています。

それから、君たちに聞かせようと思って、録音したものを持ってきました。昭和十六年、一九四一年十二月八日に、突如みんなを驚かせる放送が入りました。それがこれ（カセットデッキを取り出す）。ドラマじゃなくて本物です。

（チャイム）「臨時ニュースを申し上げます。」（繰り返し。）

「大本営十二月八日午前六時発表。帝国陸海軍は本八日未明西太平洋において、アメリカイギリス軍と戦闘状態に入れり」

こういう放送があったんです。いま、あなた方はこういう放送があったら、どう思いますか。これは大変だと思うでしょう。ところが、これを聞いた時に、我々は「やったー」と感じました。それは何かと言ったら、中国との戦争というのが、昭和十二年の七月七日からずっと続いている。いつ果てるともなく続いている。それは、アメリカやイギリスが後押ししているからだ。だから「アメリカを撃つべし」みたいな気持ちがある。そしたら、遂にアメリカと戦争になった。普通だったら、常識で考えたらおかしいわけですけれど。僕が小学校の時の担任は地理の先生で、石油や鉄鋼の生産量を示して、こういう国と戦争をやったら勝てるわけないよって言っていたんです。

――**戦時中の食事について教えてください**

高城　それはひどいものでした。戦中から戦後にかけて。『暮らしの手帖』は知っていますか。いつかテレビドラマになりましたが、花森安治という人が中心になって、広告を一切取らないで、色々な商品のテストを掲載したりね。今でもあります。かつて、戦時中の暮らしを絵入りで説明しているものがあります。僕は今日、持ってこようかと思って持ってきませんでしたが、学校の図書館にないかな。戦時中の色々なことを知りたかったら、その中にかなり具体的に書かれています。僕らは、とにかく、食糧は配給ですから、とても乏しい。お米はどうしたかというと、一升瓶の中に入れて竹で突っついて、それで白米にしたり、それから雑炊といって、お湯で薄めて食べたり、そんなことをして、本当に食糧はなかったです。特にね、甘いものがない。それで甘いものが食べたくてね。僕はそういうノートを、取っておけばよかったんだけど、授業中に先生の話を聞きながら一生懸命落書きしてるわけ。飛行機の絵と、団子、お汁粉、饅頭、おはぎとかね。そういうのがいっぱい描かれている。いかにそういうものに飢えていたかということね。

――**先ほど、普通に授業を行っていたと聞きましたが、例えば、午後まるまる訓練とかいう日はありましたか**

高城　僕なんかは学校にいるときは学校、それから勤労動員とかそういうのはそれで、午前と午後にわけてということは記憶にないですね。とにかく農家の手伝いで、一番厳しかったのは、寄居の用土に一泊した時です。そこは電気が通っていなかったです。毎日、畑で芋掘り。そして、出てくるおかずは全部芋です。芋はサツマイモです。今みたいにおいしくない。夜はランプの灯り、ドラム缶みたいな風呂に入りました。

――**熊谷女子高校の教師だった頃に戦争について生徒に伝えたことはありますか**

高城　いやそれが、あまり戦争のことは話したくなかったんだ。日本史を担当している時も、頭に最後までやるぞというのがありました。よく、世界史は第一次世界大戦で終わってしまったとかね、日本史は明治維新で終わってしまったとか、聞きますね。僕はこの学校では受験の人たちだけに近現代史を教えました。とにかく最後までやるぞと思い、戦争のことは教えたが、自分の体験は言わなかった。なんでだろうね。

――熊谷空襲の体験者として、今の私たちに言いたいことはありますか

高城 あなた達は日本史部だから言うことはないんだけど、僕たちが今生きているということは歴史の中を生きているんです。そういうことなので、とにかく歴史を勉強してもらいたい。というのは、単なる年号を暗記したりするのが、歴史ではないんです。一番大事なことは因果関係。何が原因になって何が結果になっているのか。僕は二年前にこの熊谷空襲を忘れない市民の会で、講演をしました。そのとき盛況でしたが、若い人から質問がありました。日本が戦争を始めたのは、要するに必然性があるのではないかと。なぜかというと、彼はＡＢＣＤ包囲陣というのがあって日本が絞めつけられたんだから自衛のための戦争じゃないですかと。私は「君のいうのは全くの間違いではないけれど、なんのためにＡＢＣＤ包囲陣みたいなものがあったのかということを考えないといけない。歴史をみるときは狭いスパンの中でなく長い流れの中で因果関係を見ていかないと間違うよ」と答えました。

――個人的に帝国海軍に興味があるんですが、私たちはアニメの「宇宙戦艦ヤマト」から、戦艦大和の名前だけは知っているんです。戦艦大和についてふと調べてみたら全然想像していたものと違って、それがとても興味深くて勉強するようになりました。お好きな艦艇とかありますか

高城 戦艦大和というのはものすごく、世界に例がないほど巨大な戦艦です。ああいうものを日本海軍が造ったのは、正に時代遅れでした。それは何かというと、大艦巨砲主義といって、大きな軍艦は艦隊決戦の時に敵よりも遠くまで弾が届く。要するにボクシングじゃないけれど、リーチが長くなる。だから相手より大きければ大きいほどいいわけです。

これは日本だけではない。一九三六年にワシントン条約が失効したので、アメリカ・イギリスも日本も軍艦造りに励んだんです。それでできた戦艦大和なんですが、イギリスではプリンスオブウェールズという当時、チャーチルが不沈戦艦といって豪語した新鋭の戦艦を造りました。

そして英国の植民地だったシンガポールへ行き日本に睨みをきかせようというので、レパルスとプリンスオブウェールズがそこへ入港しました。それは日本にとってはえらいことでした。なぜかというと、日本はマレー半島のコタバルという所に上陸しましたが、日本海軍はプリンスオブウェールズに匹敵するような軍艦をマレー半島に回せなかった。プリンスオブウェールズがあの辺で睨みをきかせていると、シンガポールなんかとてもじゃないが攻められない。

そこで飛行機で攻撃することにした。開戦三日目の十二月十日、日本の双発の陸上攻撃機が魚雷を積んで攻撃しました。なんと一時間半で二隻撃沈しました。日本はハワイをやっつけた。英国東洋艦隊をやっつけた。これで日本は勝利間違いなしと大騒ぎして喜びました。浅はかなことだったのですがね。

問題の大和です。大和は結局何の役にも立たなかった。プリンスオブウェールズも一時間半で飛行機が沈めてしまった。日本海軍がそういう画期的な戦術を編み出したために、他の国も日本がそれをやるんだったらこれから飛行機の時代だといって、飛行機を増産して、それが仇になって、大和は飛行機に沈められるんです。だから日本のそういう戦術が日本の首を絞めたと言えます。

負けることが明らかになっていた戦争末期、このまま大和を残したままではとてもやりきれないというので、これも無茶な話だけれど、大和を沖縄戦につっこませる。大和は「海の特攻」という形でやられました。三千の将兵を乗せて沖縄に向かい昭和二十年の四月七日、桜の花がいっぱい咲いているときに、鹿児島西南沖で敵に攻撃されて沈められてしまった。だから、僕なんかは戦艦大和は海の墓標みたいな気がして切ないんです。ちょっと空襲のことで補足するね。

熊谷の場合もそうですが、空襲がある時にはどういうことで知るのかというと、ＮＨＫで、ラジオがガーッとブザーが鳴りまして、関東地区・信越地区・甲駿地区、警戒警報発令とラジオで言います。そして、「南方海上を数目標。本土に向かいつつあり」とか「敵は駿河湾より本土へ侵入し帝都に向かいつつあり」という風な放送がどんどん続きます。この時に写生した絵は中島飛行機が爆撃された時のようすを日記に書いてあるから、後で読んで下さい。僕が二月十日に中島飛行機が炎上して、Ｂ29が二機墜ちたところです。僕の同僚だった松井先生ということの学校にもいた人だけれど、その先生が熊谷でこれを見ています。でも小学生の時だから、記憶違いかななんて言っていたんです。ところが、この日記を見て、「僕が見たのも先生と全く同じだった」と、そういうことがありました。

（事務局、これは日本軍の攻撃でなく、事故だったんですよね）

高城　そういうことです。そして、このことを当時東京にいた山田風太郎という作家が日記に書いています。「戦中派の不戦日記」と言います。「敵九十機、帝都に入らず、関東北部を爆撃の後順次東方海上に撤去する。時に午後四時」。こう書いてあります。「東方海上に撤去する」は方向が逆で彼の思い違いでしょうけれど。翌日の十一日、「昨日の大空襲、群馬県太田がやられたる由。太田は中島飛行機の本拠にして、従業員五万人もいるとのことなれば、定めて死傷者も多からん。若干の被害ありとの大本営発表、大本営が若干と発表するものならば、相当のものならん」。こういう皮肉が書いてあります。

東京には全部で調べると八十数回来ています。大きな空襲は全部で五回あるんですけれど、三月十日というのは下町なんです。江戸川とか墨田、下町。ところが五月の二十五・六と大きいのは山の手。だから、おそらく新宿とか杉並とか渋谷とかあの辺がやられています。私は飛行機乗りになるために士官学校を受けました。調布という市で学科試験と同時に航空適性検査というのがありました。私が行ったのが五月二十七日なんです。だから、二十六日の爆撃の翌日です。軍の学校というのは、空襲等災害の場合も、万難を排して集合すべしという無茶な命令がありました。

それで私はどうしたかというと、鉄道が不通だけど、赤羽までは行けたので、赤羽で降りて板橋の親戚のところまで行き、自転車を借りて、新宿を通って甲州街道を調布まで行きました。そうしたら新宿は燃えているんです。二幸なんてデパートは煙がいっぱい。死体が転がっていて電線が垂れ下がっていて、トラックに兵隊が乗っかって行く、戦場です。その煙の中を突き抜けて行きました。東京がいかに坂が多いか、上がったり下がったり、わかりました。それが私の東京での空襲体験です。

ところが二泊して、試験の三日目、二十九日。横浜の大爆撃がありました。横浜は昼間です。それが調布からよく見えました。途中で試験を停止して、「防空壕へ退避しろ」というわけ。ところが防空壕なんか入らない。燃えているのを見ているんです。みんなで「横浜は随分ひどいことになったな」ってね。だからその時に僕は、二十七日と二十九日と二度爆撃を体験したかたちになりました。

実は熊谷への攻撃のやり方というのは、東京の三月十日、それが一つの実験だったんです。なぜかというと、もともとB29は一万メートルの亜成層圏というのかな、そこから、軍事施設に向かって爆弾を投じるという飛行機でした。ところが余り効果が上がらなかった。それで、これからは、町中に爆弾を投じて、民間を攻撃しようということになりました。

それを計画したのが、アメリカのカーチス・ルメイという大将でした。彼は相当周到でアメリカにユタ州というところがありますが、そのダグウェイという実験場で、日本の家屋をたくさん造りました。日本の市街をね。しかもご丁寧に、日本の家屋とそっくり同じでないといけないというので、ハワイから日本家屋の材料になるようなものを取り寄せ、そこで造って、日本の消防団みたいなものもつくって、まねごとをしながら焼夷弾の実験をしたそうです。どういう風にしたら燃えるだろうかということ。それで、その焼夷弾を下町に落としました。そうしたら大変燃えたわけ。それから都市攻撃はこれに限るとなりました。そうしたら、これも事実だから知っておくといいですが、そのカーチス・ルメイという、「皆殺しのルメイ」なんて言われていた人に、日本政府は、一九六四年のオリンピックの年に勲一等旭日大綬章という勲章を与えたんです。その理由は、佐藤栄作内閣の時ですが、日本の航空自衛隊の育成に献身的な努力をしてくれたということ。そのために色々ある勲章の中で、勲一等旭日大綬章という素晴らしい勲章を与えたんです。

終わる前に一つだけ言っておきたいことがあります。

最近、あの戦争は自衛のためだったとか、あるいは日本の戦争があったためにアジアの各地が独立したから、あれは解放戦争だったのだという人もいます。確かに日本が悪かったというのに抵抗がすごくあって、「実は日本が正しかったんだ」と言いたい気持ちはわかります。

しかし、僕はいい点も悪い点も含めて、客観的な事実をきちんと見た方がいいだろうと思います。それで、余り報道されていないことがあるんです。それは何かというと、さっきシンガポール作戦のことを言いましたが、昭和十七年の二月十五日にシンガポールを占領した後、その島に日本は昭和の南・昭南特別市という日本の名前をくっつけました。

そして、三月から大達茂雄という人、島根県出身のもと内務省の役人です。この人が市長になりました。僕はよく覚えていますが、その人は一年間そこの市長をやって、それから帰国して昭和十八年の七月一日から東京都長官になったんです。知事ですね。東京はそれまで府の中に市がありました。大阪と同じように。それを一緒にして東京都になったのが昭和十八年七月一日です。シンガポールには日本の名前をつけただけじゃなくて、ここに神社を造りました。昭南神社という神社。そこの祭神はだれかというと、天照大神です。伊勢の神宮と同じように、英軍の捕虜を使って五十鈴川というのも造りました。そして、鳥居を建てて現地の人に拝ませました。これは今考えると心が痛みます。もし日本がそういう目にあったらどうですか。でもそれを余り人は知らないんです。

　僕がそれを知ったのは、私のいとこの高城省三がそこにいたためです。それだけではなくて、日本は昭和十七年の六月七日にアリューシャン列島のキスカ島というところを占領、その翌日の六月八日にアッツ島というところを占領しました。これは翌年の五月二十九日に全滅しました。このキスカ島を占領した時に、鳴神島、アッツ島は熱田島、こういう風に日本の名前をつけてしまった。

　それから、開戦の昭和十六年十二月八日、ちょうど太平洋の真ん中にウェーク島というのがあります。これは当時ウェーキと言っていましたが、このウェーク島も占領して大鳥島に変更、地図の上で日の丸を付けたんです。

　そして、日本の領土がこんなに大きくなった。軍時歌謡でこんな歌ができました。

「太郎よおまえは良い子ども　丈夫で大きく強くなれ　おまえが大きくなる頃は日本も大きくなっている　おまえは私を越えてゆけ」。

　ラジオからガンガン流れました。ところが、おまえが大きくなる頃は日本は小さくなったわけです。だから、あれは自衛戦争だ・解放戦争だと言っても、確かに戦後独立した国があったとしても、日本が解放のために戦ったのだったら、なんで日本の名前を付けて日の丸を翻したのかと、そういうことになります。そういうこともあったのだということを、覚えておくといいかなって思います。

――高城さんは何年生まれですか

高城　一九二九年三月五日です。去年十二月に病気をして痩せちゃいましたが。九十一歳です。私と同じように、十五、六歳で日記を書いていたオランダの少女がいます。みんなが知っているアンネ・フランク。私と同じ、一九二九年生まれで、しかも私と同じように日記を書いていたというんで、僕はアムステルダムへ行ってアンネの部屋に随分長くいましたけれどね。そしたら、熊女の図書委員が「先生、それを展示しようよ」と言って文化祭に展示しました。それから、同じくオランダに私と同い年の人がいました。その少女はナチスに対するレジスタンス運動に加担していました。たしか親戚二人をナチスに殺されてね、学校に通いながら靴の底にルポという手紙を入れて運んだりね。それから十五歳の時にバレエをやっていてお金をもらうとレジスタンス運動に寄付していた。その人は戦後アメリカに行って女優になった。オードリー・ヘップバーンです。この人も人間的に優れた人ですよね。その人が世界的にブレークしたのが「ローマの休日」です。

――ありがとうございました

インタビューを終えて

熊谷女子高等学校日本史部

猪鼻桃寧　〝歴史のバトンの走者に〟

「熊谷の空が真っ赤に燃えていた」

あの日の熊谷の空の情景は今でも忘れられないそうです。

当時十六歳だった高城さんは、軍国少年で終戦の年に卒業し、すでに陸軍予科士官学校への進学が決まっていました。戦時中は、私たちが思っているよりも気楽にのんびりといつも通りの生活を過ごしていたそうです。また、高城さんも周りの人も〝いつか神風が吹く〟と日本が勝つことを信じていました。しかし、「お国のために命を捨てる」その気持ちが強かっただけに、玉音放送を聞いたとき、夢がなくなった喪失感や偽りであった報道に裏切られた絶望感と、戦争が終わったという安心感でとても複雑でやるせない気持ちでいっぱいだったそうです。高城さんは最後に次のことを言ってくださいました。

「何事も真実を見極めることが大切だ。歴史は部分で見るのではなく、因果関係を考え長い目でみなさい」と。

物事の真実を知り、偏見や周囲の人に流されないようにしなければなりません。

戦争や空襲を体験された方でしか分からない真実や思いは沢山あると思います。私たちが簡単に口に出してはいけないかもしれません。しかし、今回伝えてもらった事をまずは周りの同級生や親をはじめとする大人にありのまま伝えていき、私たちが通っているこの場所に空襲があったという歴史を知ってもらう為のバトンの走者の一人になれればと思います。

久保明花莉　〝戦争を捉える〟

お話を聞いて、私は特に当時の人の思いや考え方に驚きました。今まで戦争の真っ只中で生活していた人は、内心「戦争は嫌だな、早く終わって欲しい」と願っていたに違いない、と思っていました。しかし国内では軍国主義が定着し、子どもたちも国民教育を受けていたため、心のどこかで非科学的な考えを信じている当時の人たちがいました。今の私たちの感覚では理解しがたいですが、「神風は吹く」「日本が必ず勝つ」と信じて疑わず、実際、高城さんも「お国のためなら死ぬのは怖くない」と思っていたと聞き、戦争は人の心を洗脳するのかと恐ろしく感じました。また高城さんの当時の日記には軍に憧れ、国に尽くそうという思いが如実に表れており、終戦後、戦争中の国の嘘が次々と分かって落胆したと聞きました。他にも同じような夢見る子どもたちがたくさんいたと思うと、失望させた罪は重いと思いました。

最後に日本は戦争の被害者であったと同時に外国を傷つけた加害者であったことも忘れてはいけないと聞きま

した。確かに戦争と聞くと、原爆や沖縄の凄惨な陸上戦を真っ先に思い浮かべがちです。しかし、日本も外国の国民の自由や文化を強制的に日本式に変え、苦しい思いをさせてしまったことにも目を向けていくべきだと感じます。

今回のインタビューを通して新鮮な視点から戦争を捉えることができました。戦争の出来事一つひとつを新しい観点から再度、客観的に戦争を知っていこうと思います。

坂本彩夏

〝私たちの使命〟

まず初めにこのような機会を作って下さった全ての方に感謝の気持ちでいっぱいです。

そしてインタビューを通してとても縁を感じました。私は熊谷に住んでいる訳でも特別近い所から通っている訳でもありませんが、熊谷女子高校の日本史部の生徒として今回の企画に参加出来たことをとても嬉しく光栄に思います。

実際に戦争を体験された方の話を聞くことが初めてだったので最初はすごく緊張していたのですが、高城さんは笑いを交えてお話して下さり当時の考え方や生活、また当時書いていた日記などを見せていただき、歴史のいぶきに触れたような感覚になり、どこか遠い昔のように感じる戦争もたった七十五年前の出来事なのだなと感じました。

八月二十一日に熊谷を訪れた高城さんは、当時困難な状況におかれても復興の為に尽力する市民の姿を見て、それを日記に書き残されていました。そこには戦争が隣り合わせであっても今と変わらない人々の姿があったのだなと思います。

また私は、これからの未来を生きていくために日本史を学びたいと思いました。歴史は人々が織り成すもの、だからこそ暗記で終わらせるのではなく真実を見出す力が必要であり、つけなければいけない力でもあるのだなと感じました。そして私たちの世代が後世に戦争があった時代の真実を語り継いでいかなければならないと思います。人間は何事も忘れてしまうことが一番怖いと思います。後世の人々が戦争の真実を知らないということがないようにするためには、私たちの世代にかかっているように感じました。

齋藤里音

〝インタビューを終えて〟

今回、熊谷女子高校の元教諭で当時熊谷中学（現熊谷高校）の学生だった高城三郎さんにインタビューさせていただきました。高城さんは姉と行田市の家にいるとき空襲に遭ったといいます。インタビューの中で、玉音放送を聞いた時の気持ちを尋ねたところ、「負けてしまったという喪失感や虚無感を感じた一方、安堵した」とおっしゃっていました。今まで国のために耐え、勤労奉仕してきた中で負けた時の喪失感は私には想像しがたく、改めて戦争の精神的な辛さを感じました。当時の庶民の生活や街の様子を尋ねたところ、「普通に生活していた、笑いもあれば恋も人情もあった、また英語の授業も行われていた」とおっしゃっていて、驚きました。当時の人々が今の私たちとあまり変わらない生活をしていたと知り、戦争体験者がより身近な存在に感じられました。また、当時書いていた日記「自啓録」を見せていただいたとき、今の私と変わらない高校生が書いたとは思えない文章で、とても衝撃を受けました。中でも、八月十五日の文章が深く心に残りました。「昭和二十年八月十五日。噫！噫！　此の日を吾等永遠に忘るゝべからず。…」と始まり、最後のほうには「…噫！　夢ならず！　すべて是現實なり…」とありました。私が同じ立場だったら、玉音放送で知らされた事実に心の整理が追い付かず、心が無になってしまうと思いました。当時のありのままの心境に触れることができ、とても勉強になりました。

身近に戦争体験者がいない若い世代に戦争をどう伝えていくかが問題となっている今、私たち高校生にできることは、戦争体験者にお話を聞き、それを発信することだと思いました。今回の企画を通じて、戦争体験者の貴重な声がより多くの人々に届くことを願っています。

第三章　座談会
「それぞれの戦争、熊谷空襲と文化の復興」

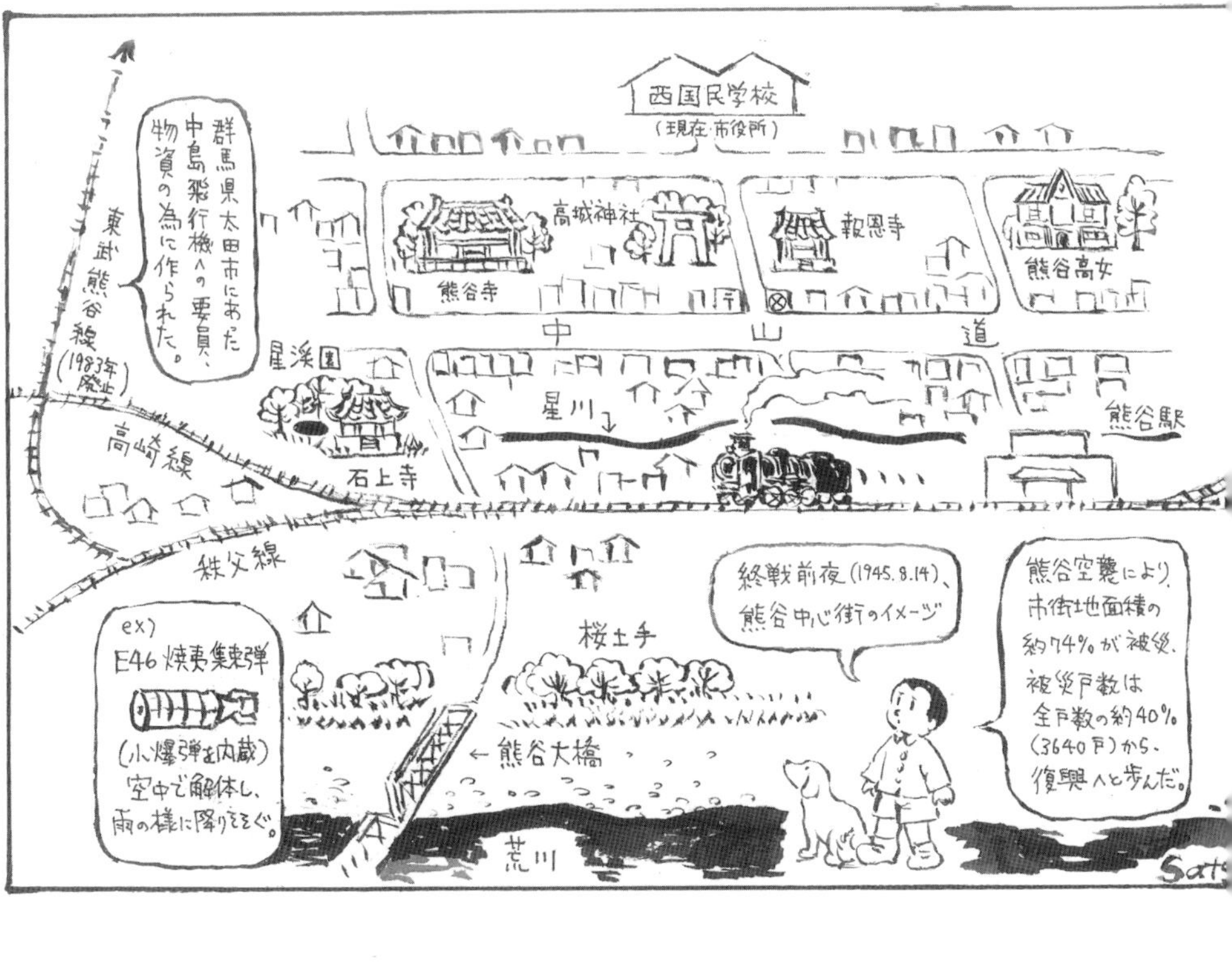

座談会「それぞれの戦争、熊谷空襲と文化の復興」

金子貞雄（熊谷市文化連合会長）
×
米山　実（くまがい探偵団顧問）
×
篠田勝夫（児童文学者）
×
加藤一夫（元静岡福祉大学学長）
×
米田主美（詩人）
×
大井教寛（熊谷市立熊谷図書館学芸員）

司会・吉田庄一（編集委員会事務局長）

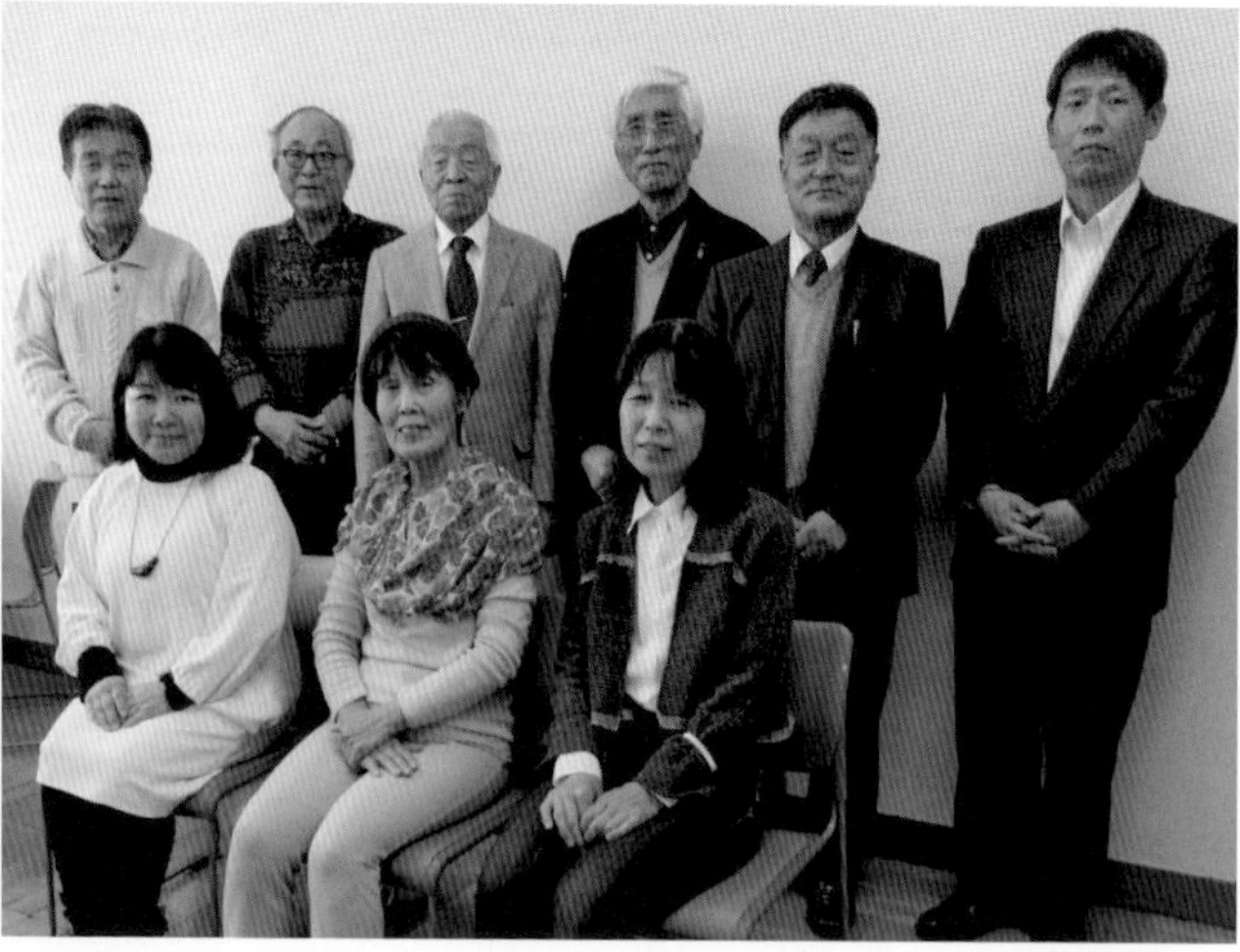

後列左より　吉田庄一、加藤一夫、金子貞雄、米山　実、篠田勝夫、大井教寛　前列左より　大久保由美子、米田主美、小川美穂子
※金子、米山、篠田氏をお招きして編集委員の参加者と事務局全員で記念撮影

熊谷空襲については、その被害が甚大であったこと、何より八月十五日の玉音放送の前日夜半から当日未明にかけて行われた「最後の空襲」だったことなどにより、多くの体験談が記録され、研究されてきた。これらは先人たちが残した歴史遺産といえる。

しかしながら、「最後の空襲・熊谷」の災禍は、時の流れとともに風化し、若い世代ではその事実すら知らない人が増えているという。

私たちは、熊谷空襲から七十五周年を記念して、体験者が少なくなる中、何をどう伝えていったら良いのか考えてきた。

この座談会は、そういった中から生まれた企画で、学術的な研究や検証の範囲を越えて、熊谷空襲が現在の私たちに何を照射し、どう繋げていくかを率直に語り合う場となった。

座談会には、熊谷の地でご活躍されている金子貞雄さん、米山実さん、篠田勝夫さんをお招きして、当編集委員会から加藤、米田、大井の各氏が参加して行われた。座談会から見えてきた課題も浮かび上がってきた。

それぞれの戦争

——本日お集まりいただいた方々は、直接的な戦争体験は少ないと思います。しかし、幼少期から少なからず「戦争」を感じて生きてこられたと思います。自己紹介を含めてお話しください。

金子　昭和十六年生まれで、その年に戦争が起こりました。父は、十八年、麦蒔きを終えて招集され戦地に赴きました。そして、二十三年にわかるのですが、二十年にフィリピン沖で、護送船が米軍の攻撃を受け撃沈し戦死しました。

戦後は、組合活動を一所懸命やっていた時期もありますが、二十三歳から短歌を始めました。短歌は、父が戦死したということもあり、そういったものがベースになり創作活動を続けています。現在短歌集九冊を上梓していますが、四冊が戦争から生まれたものです。

あと、「8・15を語る歌人のつどい」で短歌朗読劇をやっていて今年で三十年になります。私の短歌の二本の柱となっています。

米山　私も金子さんと同じ年の生まれです。東京の三ノ輪というところで、三月十日の東京大空襲の前ですが、二月二十五日の空襲で家は被災しましたが、幸い誰も亡くなりませんでした。その後、愛知県、深谷と疎開し熊谷に住むことになりました。

熊谷空襲との関わりは、十年ほど前、市立図書館で開催された「熊谷空襲とその時代展」で、カナダのバンクーバーに移住した新井賢二郎さんという方を知り興味を持ちました。賢二郎さんは、実際に熊谷空襲を行ったB29のパイロットと交流を持った方で、私も賢二郎さんとは何十通ものメールのやり取りをしました。このメールが素晴らしいものです。お兄さんの新井良一郎さんは廃業していますが鎌倉町で歯医者さんをやっていた方で、今日はこのご兄弟の代理のつもりで参加しました。

篠田　私は、昭和二十六年に生まれました。叔父さんがフィリピンで戦死しているのですが、実際どこで戦死したかよくわかっていません。墓石にはレイテ島バギオ・ボンドック街道とあるのですが、この街道があるのはレイテ島でなくルソン島です。叔父は、昭和十九年に上海からフィリピンに向かっています。私の父は、その後招集され中国で関東軍として戦い、戦後シベリアに抑留され昭和二十三年に帰国しました。

――それでは、それぞれの戦争の記憶といいますか、関わりから、話を進めていきます。金子さんは、現在の短歌の創作活動のベースになっているとのお話でしたが、もう少し詳しくお願いします。

金子　二十三歳から短歌を始めたといいましたが、この頃の先生方は二十代三十代で、戦後ものすごい勢いで文芸復興を行っていました。そういった先生方に教わったのが私たちの世代です。私は、戦争未亡人となった母との生活を綴った「孀娥《そうが》の森」、中国（北支）で父の戦場を訪ねた「邑城《ゆうじょう》の歌が聞こえる」などを出版しました。これが新聞各紙に取り上げられ、それを読んだ父の戦友から連絡がありました。

私は、中国（北支）に父の足跡を訪ねました。行って何がわかったかと言うと、父が出征したのは昭和十八年の麦蒔きが終わってからというのは知っていましたが、何月かはわからない。戦地からの手紙で、麦のできを心配するのが出てきました。そのやり取りから西安や黄河の北の方を訪ねました。父の手紙は北支から南方に行くというのが最後でした。当初は、南方が中国の南の方、無錫から上海、揚子江の方までと思い訪ねましたが、その南方は東南アジアだったんですね。父は、護送船に乗りフィリピンのルソン島沖で撃沈されたということがわかりました。だから遺骨はなく通知が来ただけです。「聲明《しょうみょう》の森」は、そういったことをモチーフに書きました。母が亡くなったときに出した母のことを題材にしていて、私にとっての三部作となりました。

私は、「命」をテーマに創作活動を行ってきました。しかし最近は戦争を背景とした命、生きるということです。三・一一をテーマにした「而今《にこん》の森」という歌集を出しました。父の戦死を含め、命を大切にする。今を生きる。今をとにかく一所懸命生きるということです。私にとって三部作＋アルファですが、一つの筋の通った話でまとめることによって、私の戦争への思いを知っていただくということです。

――大正生まれの先生方が文芸復興に尽力されたということですが、短歌の先生ですか。

金子　戦後文芸復興の息吹は日本中にありました。埼玉県でも石坂養平が先頭に立って埼玉県に団体を作ろうとなったんです。三ヶ尻正夫なんかも加わるんですが、これが団体の団体なんですがうまくいかなくなって、個人加入の埼玉県文化団体連合会を作りました。私も四十歳で連合会の役員に加わり、今も副会長をやっています。

――ありがとうございます。次に米山さんの戦争体験をもう少し詳しくお願いできますか。

米山　私は小学校三年の三学期から熊谷にいます。東京から愛知県に疎開して敗戦とともに深谷に来ました。私が愛知県の刈谷市にいた時に、濃尾大地震と名古屋大空襲がありました。防空壕に入った記憶はありますが、たぶん地震の時で、非日常で楽しく面白かった。悲惨な記憶がないんです。

――熊谷市文化連合の「市民のつづる熊谷戦災の記録」を読むと悲惨な体験を赤裸々に書いたものもありますが、花火みたいで綺麗だったという表記も多いですね。

米山　おっしゃる通りです。新井賢二郎さんはバンクーバーで亡くなっているんですが、十一歳の時、熊谷空襲にあって大原の墓地に逃げます。その時振り返って「母ちゃん見て、綺麗だよ」と言って、「この馬鹿な子が」と母親が言ったと。彼のお兄さんの良一郎さんですが、父親と一緒に川向こうの市田村の実家に逃げるのですが、熊谷が焼けているのをすごく綺麗だと書いている。子どもの目から見ると綺麗だと、悲惨な感じはないのです。

――そういった中で熊谷に根付かれて、いろいろなことに興味を持ったということですね。

被害者と加害者

米山　熊谷で開催される夏のイベントに観客として参加して思うのですが、空襲により熊谷がどんな悲惨な目に遭ったか。二百六十六人が犠牲になったと言うんです。それを聞くたびに、日中戦争で中国に言わせると二千万人が戦死していると。日本人は、加害者として戦争をしているわけで、それを全く見ないで熊谷がやられたということだけで良いのだろうかと思います。政治的な活動とは全く違うことですが、こういったことを勉強会を通じて学習していくことは重要と思っています。

篠田　今、米山さんから加害者という視点が抜け落ちているのではとの話がありました。熊谷空襲は主に焼夷弾による爆撃でしたが、米軍に焼夷弾のヒントを与えたのは、日本軍の重慶空爆です。日本人だけが焼夷弾でやられたのではなく、むしろ加害者として中国では使われました。それを米軍が日本の家屋を調べて応用したことなんです。

私は、戦争や空襲そのものは体験はないのですが、学生時代に台湾出身の王育徳先生のゼミに入ったのですが、この先生は、蒋介石が台湾に来て二・二八事件（注1）でお兄さんが殺されています。それで自分も危なくなり日本に亡命しました。そして、台湾独立建国連盟の設立に関わるんです。今は娘の王名理さんが日本の委員長をしています。いわば、日中戦争の置き土産でもあるわけです。

もう一つは、フランスで知り合いになったチュウさんとイヴさんです。彼らはカンボジア人で同世代です。ポル・ポト派と闘いフランスに亡命した人たちで、今も交流が続いています。

私は、ポプラ社に勤めていたことがあるのですが、その時、人間魚雷部隊にいた代田昇という人とお付き合いさせていただきました。ご家族は7人くらい満州に行き、帰国できたのは二人だったそうです。彼は、出撃前夜の爆撃でエンジンが損傷し、そこから逃げて沖縄の人たちに匿われています。その人が、戦後子どもたちに良い本を読んでもらおうと研究会を立ち上げました。そういったお付き合いの中で戦争というものを考えさせられました。

――みなさん、戦争にまつわる濃い経験をなさっているんですね。それでは編集委員の方からお願いします。

加藤　私は、金子さんと、米山さんと同じ歳です。北海道の山奥（番外地）で生まれ育ちました。父は半農半漁民（ヤンシュウ）でしたが、実は山形県（鶴岡）出身の軍人の一族です。祖父は、日清戦争に従軍、日露戦争には将校として参戦しました。叔父は、一人が近衛兵、もう一人は関東軍憲兵で、三人目は、将校としてルソン島で戦死しています。戦争については「軍国の母」だった祖母から小さいときから聞かされていて、軍刀を振り回して遊んだこともあります。北海道にも米軍の飛行機が飛んできます。そうすると木陰に隠れろと言われたことは覚えています。

敗戦後、内地から空襲で家を失った人たちが開拓民として入ってきました。祖母はその人たちの世話役をしていたので、空襲の話など聞かされていました。ＮＨＫの朝ドラ「なつぞら」（二〇一九年四月～九月）に出てくる境遇の人たちが沢山来ていたのです。

当時は電気もないランプ生活で、熊と出会うこともしばしばあり、肩に鈴をつけて学校に通いました。現在は過疎で限界集落の村ですが、峠を挟んだ隣の町はニセコ山麓のスキー場で、大観光地になっていて、まるで外国人のリゾート地のようになっています。

ところで、関東軍憲兵だった叔父は、敗戦時に、軍の命令で妻と子ども三人を自害させ、書類をもって満州脱出を試みましたが、途中で八路軍（毛沢東軍）につかまり、日本に帰国したのは一九五〇年代でした。思想改造され共産党のシンパになっていました。関東軍通訳で二人目の妻になった叔母も同じでした。僕は、上京後、この二人の世話になったのですが、当初は政治に興味はなく、大学時代は山岳部に所属し岩登りばかりしていました。

近衛兵だったもう一人の叔父は、北海道で自衛隊設立に関わり右翼団体にも関係していました。

私自身は、国会図書館に長く勤め、東京や埼玉県蓮田市でしばらく暮らした後で大学設立のため、静岡県焼津市に移住し、二十五年近く住みました。そして五年前、妻の実家がある熊谷市に静岡から移ってきました。

米田　私は、金子さんのお話を伺ってすごいなと思いました。私は教員でしたが、現職中は余裕なく働いていたため、父母の生き方に関心を持っていても現地に踏み込むことはできませんでした。今からでは遅すぎますが、詩集にまとめましたので、父母へのレクイエムにできたらと思っています。

金子さんの歌集「而今《にこん》の森」の中にこんな四首がありますね。

吾二歳余に北支に征きし父なれば思ひ出すものなにひとつ無し
戦死の父がわれの心に生きてゐるなどと生涯おもふこと無し
思ひ出も残さず征きし父なれば死とはすなはち無の他に無し
死んでゐない父は即ち生きてゐることでありしよ母の戦争

私はこれを読んだ時、衝撃を受けました。「無し」「無し」「無し」なんですよね。ここにお父さんへの想いが凝縮されていると思いました。私は昨年「影」という詩で埼玉文学準賞を受賞しました。家では祖父母もいて愛情を注いでもらったのですが、ひとたび学校へ行くと、お父さんの話の輪に入れない自分に影が落ちるんです。空襲の日、母が焼かれていたら私は戦災孤児になってしまったんです。

先ほど、加藤さんが軍人一族だった話をされましたが、私の父も陸軍士官学校を出て職業軍人になり、陸軍大尉だったと聞かされました。熊谷飛行学校にもいて、母と知り合い結婚したようです。その後戦死して陸軍少佐になったということです。日本を戦争に導いた末端で父は国に命を捧げたのです。今では国のために命を捧げるなんて考えられないことですが、当時の軍国主義教育の下では最高の生き方だった、つまり父も戦争の犠牲者だったのだと思うようになりました。私は熊谷空襲の日に生まれました。すでに父は三月十九日に戦死していますから生まれる五か月ほど前にこの世にいなかったというわけです。父が出征の日、「もう、僕はこれで帰れないから」と、言って出て行ったそうです。私をお腹の中に入れた母のその時の気持ちを思うとやりきれません。

加藤　撃墜されて亡くなったのですか。

米田　そうです。九州の上空でした。

篠田　さっき特攻といいました？

米田　そうです。特攻部隊を率いて逝きました。父は、熊谷飛行学校で飛行機の操縦を教えていました。三月十九日に亡くなっていますから、熊谷空襲の日にはいなかったのです。生き延びた戦友たちは、その後、大学教授や企業の経営者になったようです。

――一通り戦争にまつわるそれぞれの体験を伺ったのですが、熊谷空襲を直接体験した人はいませんが、のちに知識として熊谷空襲を知ることになります。次は熊谷空襲について伺っていきたいと思います。

新井賢二郎さんのこと

大井　市立図書館の三階が企画展示している場所で、私の先輩やその上の先輩たちから始めています。熊谷空襲の惨禍を忘れないこと、それをどうやって平和に繋げていくかというのが常に主題としてあります。戦後四十周年から節目ごとですが、夏に大々的に企画展を行うようになりました。私は担当としてインタビューを受けたりしますが、話をするからには、調べなくてはならないわけです。それの蓄積があります。

　新井賢二郎さんとお会いしたのは六十五周年の前年でした。たまたまなんですが導かれたのかなあとの思いもあります。新井さんの体験とB29のパイロットとのメールのやり取りをデータでいただいたことが大きかったと思います。それから国立国会図書館の米軍の資料を探し当てダウンロードしました。七十周年の時でした。私がこれからやらなくてはならないのは、熊谷空襲を受けた側の記録と熊谷空襲を行った側の記録を突合させ事実関係を把握していくことと思っています。

私は学芸員の仕事をしていますので、先ほど金子さんが言っていましたが、どう繋げていくか、橋渡し役として向き合っていきたいと思っています。

——ありがとうございました。今、新井賢二郎さんのお話がでましたが、米山さんのお話もありましたので、熊谷空襲について話を進めたいと思います。

米山　新井賢二郎さんは科学者、マッドサイエンティストで小説などは読まなかったそうです。お兄さんの新井良一郎さんは歯科医で若い頃から文学青年だったそうです。賢二郎さんは、望遠鏡を作ったり天気図を書いていたりしたそうで、冷静にバケツリレーなども分析していて、何の意味も無いと書いています。それで熊谷空襲について書かれたものも読んでいて、誇張されて書かれているものがあると厳しく見ています。例えば空襲のさなかに貨物列車が出たんです。それをB29が空中で反転して追って行き機銃掃射したと。しかしそんなことはあり得ない。B29は高いところを飛んでいます。爆弾をたくさん積むために機銃装置とかは全部外していたそうです。木のすれすれを低空飛行したというのもあり得ません。

——機銃掃射はグラマンとかP51ですよね。そういうのがごちゃ混ぜになってしまう。

加藤　焼夷弾を抱えているからダメなんですよね。

米山　新井さんは、そういうことを非常に冷静に捉えています。カナダに移住しますが、自分でも興味を持って調べ、熊谷空襲についていろいろな被害について書いてあるが、インチキなものが多い、もっと冷静に書かなくてはダメだと、いくつも例を挙げて警鐘を鳴らしています。

私が興味を持ったのは大井さんの企画展のお陰です。新井賢二郎さんはバンクーバーに住むようになって、七十歳くらいの時、B29のOBたちのサイトを発見してメールを送ります。〝あなたたちが最後の空襲を熊谷でやったときに私は十一歳で、地上を逃げ回っていた〟と書くと、ビビアン・ロックというB29のパイロットが返信してきました。それから二人は何十通とメールでやり取りしています。これを『リーダーズダイジェスト』が美談として記事にしています。私は読んで感動してメールしたのですが、そんなもんじゃないと返信がありました。

――米山さんは新井賢二郎さんとどうして知り合いになったのですか。

米山　お兄さんからメールアドレスを聞きコンタクトを取りました。十年ほど前ですか、〝新井賢二郎です。熊谷の兄の家をお訪ねいただいたこと恐れ入ります。熊谷空襲関連の用件と思いますが、できるだけお手伝いさせていただきます〟と返事をいただき、メールでの交流が続きました。賢二郎さんは残念ながら二〇一五年にお亡くなりになりました。

――よく分からないのですが、一九四五年八月九日、ポツダム宣言の受諾に関して御前会議が開かれ十日未明に、いわゆるご聖断があり、受諾する旨を、スイスとスウェーデンを通して連合国側に伝え、日本からも海外向け放送でポツダム宣言の受諾を伝えたといいます。最終的な受諾ですか、それは十四日ですが、アメリカは既に戦勝気分だったと思われます。B29のパイロットは知っていたのでしょうか。

大井　ご聖断関係のことは、賢二郎さんとビブ（ビビアン・ロック）さんとのメールにはないですね。しかし熊谷空襲の時の十四日のタイムラグのところの冷静な分析は行っています。

米山　B29は十四日の十七時（太平洋時間）ごろグアム島を飛び立ちます。十九時（アメリカ東部時間）ワシントンでトルーマン大統領が日本の降伏を発表し、ニューヨークではタイムズスクエアに約二百万人が集まり〝ビクトリー　オーバー　ジャパン〟と大騒ぎします。有名なVJデーですね。ビビアン・ロックはその前段の模様をラジオで聴いています。

――それを聴きながら飛び立ったというわけですか。

米山　そうです。「ユタ」という暗号が出たら引き返すという、一緒に飛んでいる機に「ユタ」と聴いたかと問い合わせています。するとまだ聴いていないと。七時間くらいでターゲットに着いちゃいますから攻撃するんです。彼らは攻撃したくなかったというのはわかります。ただ、ミッション（任務）だからアポロジー（謝罪）はしないけどソーリー（気の毒）だと、そういうことが書いてあるんです。

大井　ビブさんと新井賢二郎さんのメールのやり取りは賢二郎さんが日本語訳をしたものを全部送ってくれました。それを読むと、結局ビブさんは、謝りはしないとはっきり書いてます。これがアメリカ側の基本的な態度で、賢二郎さんは感情的に返すのでなく事実を追究します。

米山　賢二郎さんがビブさんに最初に出したメールに、「ノー アポロジー」、「ノー リグレット」だけど両サイドとも空襲の記憶を残しておかなければならないと言っています。最後にビブさんは「アイム ソー グラッド ノー ワン イン ユア ファミリー ワズ キルド」と、私が大変うれしく思うのは賢二郎の家族が一人も死ななかったことだと。しかし他の大勢の人が死んだと聞いて、それに対してはレスポンシブル、責任があるんじゃないかと思っている。特に地上でイノセントな罪のない市民が死んでしまったことには責任がある。「アイ フィール バッド」だと。非常に辛く思っていると。賢二郎さんは、それに対して、彼は単なる思いやりがあるというのでなく、そういうことが言えたというのは勇気があると評価しています。

熊谷市街地への爆撃をめぐって

――十四日の空襲ですが、大阪工廠とか山口県光工廠・秋田の土崎の製油所などは爆弾ですよね。しかし、熊谷や伊勢崎は焼夷弾です。まさにイノセントな市民を狙ったわけです。

大井　爆弾云々の話はメールにはなかったです。要は、対象が違うので積んでいるものも違うということではないでしょうか。ビブさんも多分あずかり知らないところだったと思います。米軍の公式報告書を見ると熊谷市街地にある中小の部品工場を叩くことが第一目標なので、そうすると木造家屋を叩かなくてはならないので焼夷弾を積んでいたと。

篠田　昭和二十年十一月に米軍の九州上陸作戦が予定されていました。日本は降伏しないだろうということで、大都市は全部やって、熊谷を含めた中小都市を叩いて上陸作戦を計画しました。上陸作戦では、日本人は三百万人、米軍も百万人くらい死ぬだろうということで、それをできるだけ少なくするために中小都市を爆撃したと、カーチス・ルメイの言い訳があるわけです。上陸作戦が展開されると、ゲリラじゃないが市民が敵になります。子どもかも女性かも知れない。そうするとかなりの戦死者がでる。そういうのを見越して中小都市を爆撃するのが趣旨でした。

——熊谷の市街地が爆撃されたのは軍事施設を目的にしたのではなくて、報告書は名目で、米軍の占領政策として熊谷陸軍飛行学校を占領軍の基地にするため、近くの主要都市である熊谷を叩くことで、ゲリラなど反抗心を削ぐことが目的だったのでは？

篠田　熊谷には、中島飛行機の分工場のような工場がたくさんありました。母は竹本屋というところで落下傘の部品を作っていました。米軍にそういう情報が入っていたのは間違いないと思います。

大井　熊谷空襲を行った四つの理由（注2）ですが、埼玉県史を編纂していく中で『県史研究』という雑誌があります。その中で、元お茶の水女子大学講師の栗田尚弥さんが分析していて、熊谷陸軍飛行学校を北関東の拠点として考えていたと言っています。

——熊谷陸軍飛行学校には進駐軍一万二千人が入ってきた。

大井　陸軍飛行学校と市街地は離れています。飛行学校を叩けばいい話なんですが叩かれていない。米軍の公式報告書には書かれていないですね。

篠田　カーチス・ルメイが空爆作戦を作っているとき、熊谷が中小都市のリストに入っていて、工場を爆撃すればいいというのもあるが、戦死者をたくさん出して日本人の気持ちを弱める、戦意喪失を狙ったのではと思います。

——中小百八十都市のリストを見ると埼玉県では熊谷の他、大宮・浦和・川越の記載がありますが、大宮と浦和の方が上位に位置づけられています。

篠田　熊谷陸軍飛行学校を占領軍の基地にするため周りの気持ちを弱めるということかな。

——高校生の体験者インタビューで小林留美子さんに聴いたとき、小林さんは十三歳で、リヤカーを米軍の戦車に見立てて、爆弾を仕掛ける訓練をしたと言っていました。

大井　残っている資料を突合させて検証していくなど今後の課題だと思います。

——米軍の公式報告書を見ると熊谷の座標は間違っています。あの緯度経度は小川町ですね。

大井　『朝日新聞』の川崎卓哉さんも詳しく調べていて、どこまで信用をおけるかわからないと、第一目標の熊谷航空工業株式会社も空襲を受けていないですね。

——米軍の公式報告書には熊谷航空工業は詳しく調査され建物の番号まで記載されていますが空襲されていない。それから、熊谷をターゲットにした理由ですが、奈良国民学校の中島校長先生が戦後ＧＨＱの将校から聴いた話があります。熊谷が県庁所在地だったと。

大井　私は中島迪武先生のお話を伺っています。ＧＨＱからの資料はそうなんですが、熊谷が県庁所在地だったのは明治ですし、それが本当の理由とは断定できないと思います。

天皇の行幸をめぐって

米山　戦後なんですが、昭和二十一年三月二十八日に昭和天皇が熊中（現、熊谷高校）に来ています。その記事が市立図書館にあり、当時十二歳で北本宿から熊中に通っていた人が、天皇がわが校の中庭に来て、当日は女学校も含めて市内各校の生徒も来て、米兵が窓に跨がって写真を撮っている。天皇が来たとき万歳三唱をしたと書いてあります。ところが昭和天皇の全国巡幸という本があり、その本の中に戦後初めて中学生三千人が「君が代」を大合唱したと書かれている。しかし、三千人の「君が代」は嘘だ、私はその場にいたが、占領直後で「君が代」を歌うことはできるはずないと。『埼玉新聞』に問い合わせたところ、万歳三唱を「君が代」の大合唱と書き換えたのではとのことでした。ところが熊谷空襲のことを書いている郷土史家の本には、天皇が熊中に行幸されたときの十五歳の女学生の作文が掲載されています。「咳払い一つするものがいない、まもなく君が代の奉唱、……続いて万歳三唱、陛下はご降壇あそばされ再び君が代の奉唱の下、御車にお入りあそばされた」と書いています。どちらが本当かわからないでしょう。判断できない。新井良一郎さんの文章にも天皇が来たというのは書いてあるが、「君が代」を歌ったことは書いていない。七十五年も経つと美化したり逆に悲惨さだけが増幅されたり、作り話になる可能性もあります。気をつけなくてはならないと思います。

米田　天皇を中心とする教育がずっと続いてきたわけですから一年くらいでは変わらないのでは。

加藤　変わらないでしょう。今だってそんなに変わらない。当時は神様でしたから。象徴天皇はＧＨＱが作ったものですよね。日本の歴史にはないですね。

国民の主体性について

――戦後はとにかく食べるものがなく生きながらえるだけで精一杯だったと思います。そういう中でも大正生まれの気骨ある先生方が文芸活動をもり立てていったと聴きましたが、そこには主体性がありますよね。しかし戦争中は、あれよあれよとわかんないうちに戦争になり本土が爆撃され敗戦、戦後はＧＨＱが憲法を含め民主主義を与えた。私たちの主体性はどうなんだろう思います。

加藤　それが一番重要な観点と思っています。日本人は戦後民主主義を自分たちで作ってきたのか、与えられた民主主義を大事に守ってきたのか、やはり主体的に自分たちで民主主義を作り上げていくことが弱すぎて、結局今の政治になっている。戦前の意識と繋がっているのではと思います。

――戦争を軍人や為政者が行ったのはそうなんですが、それを支えたのは熱狂的な臣民、国民と思います。そういった心情はどこから来るのでしょうか。

米田　さっきも出ましたが国民が主体的に政治に関わっていないし、考えることもしていないということだと思います。

――その状況というのは、アジア太平洋戦争や熊谷空襲を経たとしても、日本人の心の中ではそんなに変わっていないのではないか。

加藤　私たちが、なぜ様々な活動を行うかというと、戦争をどう伝えるか、空襲の歴史的体験を空襲を知らない人たちにどう伝えるか、ここが大きなポイントで、風化させないようにしたいということです。

――事実は何か。憶測とか思惑も考えられるが事実としてどう捉えるかという視点が欠けている気がします。話を戻しますが、先ほど金子さんが石坂養平さんがすごく一所懸命やられて埼玉県文化団体連合会を作られた、と言われましたが、金子さん自身は実際に薫陶を受けられたのですか。

文化を取り戻す

金子　直接は受けていません。石坂養平が昭和二十一年に起草した呼びかけ文から言えば、もうそういう戦争とかと関係なく文化というものを我々の手に取り戻そうということです。発起人だけでも何十人といいます。

米田　背景として、国民一人ひとり自由を大事にするという運動もありました。

金子　そうですよ。押さえられてきたという意識があるからです。私の短歌の先生は戦争中に戦争反対とか賛美するとかやっていないです。書いていないし歌も作っていない。できないんです。その辺の時が欠落している。沈黙しているんですね。多くの人がそういう状態の中で戦争が終わって、取り戻そうとなった訳です。

米田　金子さんは、戦争を知らないけれども関わりはあるわけです。父親を失っている。私はこの前太田玉茗賞を受賞したとき、新聞社から取材を受けました。これから反戦詩を作っていくんですかと言うんですね。私は、はじめから反戦詩を作ろうとは思っていませんと答えました。ただ私自身について書いていると、反戦詩になるんです。これからの若い人は、意識して勉強しないと、戦争について考えるようにならないと思います。

金子　そう思います。戦後は組合運動や原水禁の運動などに関わってきましたが、それが自分にとってそちらの方に深まって行かなかったのは不思議なんです。米山さんが言われましたが、熊谷空襲は知っていますが、花火なんですよ。スターマインが上がって防空壕から出て見るんですがお袋に押さえられる。それと繋がっているのが安保闘争です。熊谷にいると渦中でなく外で見ている。外で見ている自分がいるわけです。微妙なところです。片方では反対、片方ではそうでない。中国に取材に行ったけれど、ここでも被害者であり加害者であるという思いが強くなる。その揺れの中で生きているんです。

例えば、アメリカが嫌いだとか反対だとかそういう姿勢はありません。戦後母と暮らしてきた中ですごく苦労しています。農家ですから大変な苦労をしてきました。それがあるのであって、安保反対ではないというストーリーとも少し違います。

「政治的」と言うことについて

米山　ちょっと話を変えます。最終的には関連するんですが、新井賢二郎さんからのメールです。二〇〇五年バンクーバーから東京に帰ってくるＪＡＬの機内で、日本の若い女性が隣りに座りました。十九歳だそうで、カナダに英語を勉強に行った帰りでした。昔日本は大戦争をやったのを知っているか尋ねると、第二次世界大戦でしょうと答えたので、誰が敵だったか知っていますかと言うと、中国とロシアと。最大の敵はアメリカだったんですと言うと、彼女は、「あれ、アメリカは最友好国じゃないですか」と、こういうやり取りを十九歳で英語を勉強に行った女性とやっている。今、戦争に触れると政治的だからダメとのいう風潮があります。同じようなところから来ているのかな。例の「梅雨空に九条守れの女性デモ」、さいたま市はダメだと言ったでしょう。全く同じですよ。それと何かが良いと熱狂的になっちゃう、日本の国民性というものを問題にしなくてはいけないのではと思います。

篠田　私は、大学時代に学生運動には入れなかったが興味は非常にありました。沖縄返還時には一人で沖縄に行きました。私の知り合いに右翼の人がいるんですが、国会に火をつけた車で乗り込んで捕まったり、公安にマークされているのですが私は結構好きなんです。また友だちには左翼の人もいます。両者も政治的なんですが魅力もあります。政治的なものは避けると言うことについてですが、中道というもう一つの面でも良いと思うし、政治的な面にのめり込んでいくというのも道としては自然です。問題は、右でも左でも中道でも、その人の人間性にあると思います。

原爆を落としたことで日本人が数十万人死んでいます。しかし、死んでいるがために米軍の上陸作戦で米軍百万人、日本人三百万人の地球人が救われたという考えもあります。それを肯定できるか、できないかというのも、結論の出ない二面性があり、政治運動に関わっていくのか関わっていかないのか、熊谷空襲を深く研究する、あるいは政治運動として活動するというのも、個人差があってどっちでも良いという感じがします。

米田　まさしくその通りで、私は「熊谷空襲を忘れない市民の会」の共同代表をしているのですが、いろいろな考え方の人がいます。平和を願う緩やかなグループです。

――最近、政治的と称して市の施設を貸さないとかいう風潮があります。九条俳句の問題もそうですが、徐々に世の中がそのように変化してきている。

米田　金子兜太さんの創作の原点にトラック島の体験があるんですね。森村誠一さんは、当時十二歳で戦争が終わったんで、これから本が自由に読めると喜んだそうです。

金子　さっき反体制というような言葉が出たんですが、私の立場は反体制側にあるんです。それでいながら、本を出したり、二百人規模の集会で、短歌朗読やったりしていますが虚しさを感じています。俺の力はない、どうしたらよいかと。

若い世代に繋げること

――戦前ですが国を間違った方向に引っ張った軍部や政治家はいましたが、それに熱狂する臣民（国民）がいました。今の選挙制度の下、選挙に行かなくともいいやと思っている人がたくさんいます。そういった状況を変えて行くのに文化の力は大きいと思います。結構期待したいですが、それでも虚しいですか。

米田　虚しいというのは分かります。

――篠田さんは、児童文学をやられている訳ですが、やはりそうですか。

篠田　「焼け跡に文化を」ということで創立されたポプラ社ですが、熊谷の下増田の久保田忠夫さんという方が創設者です。小川町の田中さんという方と交流があり、久保田さんは田中さんが戦争で亡くなられたと思っていたそうですが、戦後偕成社に勤めていた久保田さんを田中さんが訪ね、東京の焼け跡の中で子どもたちに文化をということで本を作っていこうとポプラ社を立ち上げました。私は、そこで編集の仕事をしていました。

――焼け跡闇市派という言葉もありますが、ポプラ社は焼け跡から生まれたんですね。しかも、熊谷の方というのは知りませんでした。

大井　金子さんの朗読劇の観客層はどのくらいの年齢層なんですか。

金子　六十代七十代が中心ですが、若い人達の参加もあります。

大井　図書館では、企画展で体験者の語り部の方に来てもらっているんですが、観客層は六十代以上です。下の世代に来てもらいたいのですが。曜日を土曜に設定して小中学校にチラシを配るのですが、下の層はなかなか来てくれない。私は伝えることの難しさを感じています。ポプラ社の方々が子どもにもっと本を読んでもらいたい、金子さんは朗読劇にもっと下の世代に来てもらいたいと、どう引っ張っていったら良いのでしょう。

金子　私は二つのことをやっています。小学四年生と中学一年生に短歌の授業をやっています。県でも親子で短歌を作って応募してくださいと。必ずお父さんお母さんがいる訳で、まずその人たちに参加してもらおうということです。三十代四十代ですね。たまには短歌を作りたくなりましたという反響はありますが、今ひとつです。

――それでは、今日の最後なんですが、若い人たちにどう繋げていったら良いのかということです。

大井　図書館の企画展で六十五周年、七十周年ということで熊谷空襲を取り上げたとき、藤間豊子さんに来ていただきました。六十五周年に来た中学生が七十周年にも来てくれました。五年後はお母さんと一緒で大変うれしく思いました。それは伝わったということですが、その人数をどう増やしていくかというところなんです。図書館には年間多くの小学校が見学に来ます。その時十分、十五分でも必ず熊谷空襲のことは話します。それまではワイワイやっていてもその時だけは黙るんですね。黙って聞きます。その子たちが次の休みに親たちを連れてきたりします。親は、〝あ、こんなことがあったんだ、知らなかった〟という感じで見ていきます。こういう取り組みはしていますが、十分でないと思っています。

金子　それは、繰り返す以外ないと思います。私も中央公民館と組んで三年か四年に一度ですが、講座を開いています。そうしないと人たちに繋がっていかない。さっき言いましたが、親が一時的に作ったとしても続きません。それから、美術とか書道の人たちも悩んでいて続かない。繋がっていかない。しかしそういうものでもしつこくやっていくしかないと思います。金子兜太の「ずうずうしく平和」ですよ。図々しくやっていく他はないと思っています。

――くまがい探偵団のプログラムに熊谷空襲関連ツアーを加えてもらうとかどうでしょう。

米山　これは熊谷市の問題もあると思いますが、戦跡の保存が悪いんです。私は、外から来た人には必ず熊谷空襲を説明しています。星川の北村西望の戦災者慰霊乃女神像の裏に亡くなった二百六十六名全員の名前が書かれていること。石上寺の欅の木ですが、炭化している樹皮を示して空襲の跡であること、空襲を経て生き残った熊谷のニューパワースポットであり触って命をもらってくださいと説明しています。外から来た人は熊谷ってそんな空襲があったのかと覚えてくれます。それから子どもたちに、必ずこういった戦跡を案内するようにしています。

――記念誌を出版しようとした動機の一つに戦跡が無くなっていく状況への危惧がありました。

米山　中家堂さんの裏庭の石灯篭や熊女の北門、中央公園の欅など残っていますが、少ないですね。

――中央公園の欅は表示板が立っていますが劣化しています。また、鎌倉陸橋北詰の西側にお堂とお地蔵さんがあります。これも劣化が酷いです。熊谷空襲に絡む戦跡ツアーなども必要と思っています。

加藤　戦跡を記憶する、繋げる一つに戦跡ツアーがありますね。熊谷だけでなく埼玉県全体に広げる。参加者はほとんど年配の方になるのが現状なので、若い人に呼びかける工夫が必要です。

米山　佐藤虹二さんが撮った近藤油屋の壁なんかもうないですね。そこに行き写真を見せても迫力がない。私は、星渓園と石上寺と北村西望と星川は一箇所にまとまっているので集中的にやっています。

米田　松本市には平和推進課というのがあるそうです。そこが主催して年間を通していろんな催しをやっているそうです。

加藤　私は今必要なのは若い世代をどうやって巻き込むか？　考えた方がいいと思います。

――熊谷には立正大学がありますが、構内でのイベントも盛り上がらないし、私たちが企画する講演会への参加もあまりない。難しいですね。土日はバイト。バイトをしないと学費が払えない。だから無理は言えないし、みたいなことは耳にします。

加藤　高校生はすごく可能性があります。私の場合は自分が大学にいたころの経験があるのですが、ボランティアなどに参加してもらいみんなでやった。ゼミの単位でできると良いのですが難しいでしょう。

――話は尽きないのですが、そろそろ本日の座談会のまとめに入りたいと思います。

加藤　先ほど政治的云々で話がありましたが、別に政治的であることが悪いわけではないし、いろいろな考えがあって良いと思います。一つは「空襲」の状況が全国的に余り共有されていない。あの時代の空襲はどういうものであって、どういう意味を持つのか勉強する必要があると思います。私は熊谷平和講座を持っていて空襲の話は夏のテーマで、それ以外は世界情勢や政治情勢、それに歴史の話などをしています。これだけでは不十分で「空襲」の視野をもう少し広げたいと思っています。今日は、地元で長く活動されてきた方々のお話を聴いたのですが、大変参考になりました。

篠田　憲法改正論議がありますが、例えば憲法草案なんですが、国防軍の話があります。国を守るために軍隊が必要なのか、なかなか結論は出ないと思います。もう一つは、原爆が落とされて非常に多くの人が亡くなっている。それでももし原爆が落ちないで、米軍の上陸作戦が実行されたら実際に死者はどうだったのか。理論的で良いのか、感情的が良いのか、結論がでるのか、政治的、非政治的という問題も含めて、しつこくやるしかないと思っています。

米山　今日は新井ご兄弟の代弁者として参加しましたが、篠田さんが編集した本で長男の良一郎さんがすごいことをおっしゃっています。天皇が来ると周りが綺麗になっちゃうといわれているが、朕はたらふく食べている汝臣民飢えて死ねと、これは昭和二十一年頃のプラカードなんですが、良一郎さんは天皇行幸（注3）に三度遭遇しているそうです。一回目は一九三八年、昭和十三年ですね、熊谷飛行学校に来たときです。二回目は一九四六年熊谷中学に来たときです。三回目は二〇〇四年の埼玉国体です。因果のごとく不快な体験を伴うと書いています。一九六〇年に日米安保が必要かどうかというのは散々やられましたが、結論は出ずに来ています。私は、日米安保が無くならない限り日本はアメリカのいいなりのままでダメだと思っています。加藤先生が言われましたが、歴史的な文脈で捉えると日米安保は必要ないと思います。更に皇室も必要ないと思います。一番大事なことを言わずに来ていると思っています。

金子　今回の本の目的ですが、学術的な面からいろいろ記録したものにするのか、市民活動に繋げていくのかということです。学術的に調査研究したのを突き詰めて本にしてもダメだと思います。今求められているのはパフォーマンスだと思います。

――まさしく調べたものを本にするだけなら、既に結構やられています。それだとなかなか伝わらないんだろうと思っています。そこで新たな視点ですが、今日の座談会のようにざっくばらんに語ってもらって戦争や平和について浮かび上がらせ、そして、戦災都市熊谷から平和を発信したい、そういう運動体にしたいという思いがあります。

金子　私が「8・15を語る歌人のつどい」でやっているのも、そこを狙っているのです。いろいろな講演や講座だけでなく、歌人が集まっていますので、短歌を若干歴史的に表現することにより、難しく考えないで来てもらう。それと抱き合わせで講演なども企画するわけです。講演は難しい話もしますので、短歌朗読劇を入れる。難しいものほど如何にパフォーマンスするかということと思います。

――ありがとうございました。

注記

＊1　「二・二八事件」について　一九四七年二月二十八日に台湾の台北市で発生し、その後台湾全土に広がった、中国国民党政権（外省人（在台中国人））による本省人（台湾人）に対する長期的な虐殺事件。当時日本国籍を有し、自分たちの権利を主張した台湾人に対して、中国人が無差別殺人を行い、わずか一カ月の間に、約三万人の一般市民が惨殺された。将来を担うリーダーとなるべき、医者や弁護士、教師、青年、学生たちが、みせしめの為に

殺されたという。

＊２「熊谷空襲の四つの理由」について　本書第一章「熊谷空襲とその時代」参照

＊３「天皇の行幸」について　一九四六年二月十九日、昭和天皇は地方巡幸を神奈川県からスタート。子どもたちや労働者なども訪ねたので大きなニュースになる。その時の有名な「あっ、そう」というセリフが流行。天皇が「お父さんは元気かな」と尋ねると「お父さんは戦死しました」と答え「あっ、そう」と返したことが報道され流行語になった。本文で言及されている「朕はたらふく食べている」の件は、一九四六年五月十九日の食糧メーデーの際、参加者の一人が掲げた「ヒロヒト　詔書　日ク　國体はゴジされたぞ　朕はタラフク食ってるぞ　ナンジ人民　飢えて死ね　ギョメイギョジ」のプラカードが不敬罪に問われた事件で、訴追されたが、ポツダム宣言の受諾によって天皇の神性消滅を受けて不敬罪は消滅したとされ、名誉棄損事件となり、最終的には免訴となった。

第四章

空襲体験・戦争動員・敗戦　そして戦後へ

空襲体験・戦争動員・敗戦　そして戦後へ

加藤一夫

はじめに

本章の目的は、「最後の空襲」といわれる埼玉県熊谷市の歴史体験を、世界史的な文脈に位置づけ、その意味を考えることである。熊谷空襲の実相については第一章に譲り、この章では、「地域の戦災体験」の枠組みを離れ、二十世紀初頭に始まる戦略爆撃（空爆・空襲）の歴史、日本軍による中国への空襲、日本の空襲体験の経過とその意味、戦争動員とその中で生きた人々（民衆）の動き、そして、敗戦から戦後の平和と民主主義の出発点にあった問題状況について触れることにする。

戦争と戦略爆撃（空襲・空爆）　空襲の開始と展開

空から敵を攻略する戦略爆撃は通常「空爆」といわれるが、日本では長く「空襲」を使用してきた。空襲には「被害者」のニュアンスが感じられるが、ここでは空爆と空襲を同じ意味で使いたい。

空襲は、アメリカのライト兄弟が一九〇三年に航空機を発明すると同時に始まった。飛行機の戦争利用である。発明された時期が二十世紀の帝国主義の時代で、植民地獲得や勢力圏の拡大で各国が覇権を争っていた時期に合致している。

最初の空襲は、一九一一年十月、オスマントルコ帝国の周縁地リビアの植民地化をもくろんだイタリアが飛行機から手榴弾を投下したのが始まりといわれている。直後のバルカン戦争でもブルガリアが本格的に都市空襲を行い、一九一三年にはフランスとスペインが北アフリカの植民地戦争で飛行機を利用した。以後、戦争では空からの攻撃が重要な戦略となった。

空からの攻撃はいかなる意味があるのか、イタリアの軍人で戦略家ジュリオ・ドゥーエは第一次大戦の経験を踏まえて書かれた著書『空の支配』（一九二一年）で、総力戦の戦略として「空からの爆撃によって民衆をパニックにして戦意喪失を起こさせ」、それによって戦争を終わらせる、として無差別爆撃を提唱した。長い期間で見ると流血を少なくするので人道的だとして人口密集地を狙うべきだと強調した。第一次世界大戦は塹壕戦、毒ガス散布といった消耗戦で多数の犠牲者を出していた。この数を空からの爆撃で減らすことができるという理由である。戦争を抑止するための戦略だが一面性は免れない。

この論理は第二次大戦末期にアメリカが原爆投下によって戦争終結を早めて多くのアメリカ兵士を救ったと正当化している「核兵器の抑止力」の論理と同じといえる。

いずれにせよ、戦略爆撃は、その後さらに発達し、第二次大戦は主要な戦闘行動となり、大戦後も戦略爆撃は続き、現在はさらに進化を遂げ、二十一世紀の半ばに入った現代世界では、無人機やＡＩ搭載のドローンが使用されて、大きな悲劇を生み出すに至っている。

空襲・空爆について法的規制は事実上存在しない。一九二九年の不戦条約締結（日本も締結している）では「禁止」が議論されたことがあり、一定のルールとされた。戦時国際法での「空戦法規」（非戦闘員、非軍用機への攻撃禁止、軍事関連施設のみ）があるが、空文化しているといっていい。ジェノサイドなど大規模なもの、そのやり方について「国際人道法」「ジュネーブ条約追加議定書」（一九四九年）に関連した「人道上の問題」として論議はされている。しかし、空からの爆撃を抑止させるブレーキにはなっていない。

なお、日本は第一次大戦時の一九一四年（大正三）年に、ドイツが領有していた青島で空襲作戦を展開した。この攻撃は、飛行機を利用した本格的な戦略爆撃（空襲）の嚆矢とされていて、それまでの不戦条約のルールを破った爆撃とされている。

空襲の歴史で、大戦前に展開され現在も記憶に残る空襲がある。ひとつはスペインのゲルニカ空襲である。一九三七年四月二十六日にドイツ空軍のコンドル軍団が、フランコのスペイン政府を支援するためにスペインバスク地方の文化的中心都市だったゲルニカを爆撃した。死者は二百五十〜二千人といわれる。この事件は、画家パブロ・ピカソの壁画で世界的に知られている。

さらに後述する帝国日本が行った中国への空襲作戦もよく知られている。重慶空襲である。この爆撃は、一九三八年十二月十八日から一九四三年八月二十三日にかけて、断続的に二百十八回行われ、死者一万人以上を出した。

第二次大戦時のヨーロッパでの空襲は、ドイツ軍によるワルシャワ爆撃、米英軍によるドレスデン爆撃、ナチス・ドイツによるイギリス爆撃（バトル・オブ・ブリテン）、連合国によるハンブルク空襲（ゴモラ作戦）やベルリン空襲、など、いずれの爆撃でも多くの犠牲者を出している。

戦後の冷戦時代も、朝鮮戦争、ベトナム戦争では、第二次大戦以上の大きな爆撃が行われた。その後、二〇一一年の「九・一一」事件後のアフガニスタンやイラクなどでも行われた。戦略爆撃（空襲・空爆）は現在もイラクやシリアなど中東地域で続いている。

日中戦争からアジア太平洋戦争へ

近代日本は、列強と肩を並べるために近隣諸国の植民地化政策を展開した。日清戦争、日露戦争の勝利で大陸進出の足場を固め、朝鮮半島を支配下に置き（一九一〇年）、やがて中国大陸に進出し満州（中国東北部）を手に収めた。

そして、一九三一年の満州事変を経て、一九三七（昭和十二）年七月に日中戦争が始まり、その年の十二月までに、上海、南京を陥落させ（南京事件）、その後、徐州、武漢を攻撃した。そこで中国の蒋介石政府は首都を重慶に移したが、この重慶への戦略爆撃が、先に触れた「重慶空襲」である。

その後、日本軍は、北部のソ連とも対峙し、一九三八年には「ノモンハン」事件を引き起こし、戦線は泥沼化していく。

日本は、一九三六年に満州問題から国際連盟を脱退して国際社会で孤立していたが、救いの手を差し伸べたのがヒットラー率いるナチス・ドイツであった。そのドイツは、一九三九年九月一日にポーランドに侵攻し、第二次世界大戦が始まった。

日中戦争の泥沼化するにつれて、資源の枯渇から大陸での戦争続行が厳しくなり、陸軍の「北進論」（ソ連との戦争）から海軍の「南進論」へと戦線が移っていく。背景には、列強（アメリカ、イギリス、フランス、オランダ）の蒋介石政府への援助ラインを断つこと（北部仏印）、そして石油資源を確保するため（当時の日本は石油の八割をアメリカから輸入していた）南部仏印に進駐することが必要になった（一九四〇年七月）。これに対してアメリカは「石油の対日輸出全面禁止」を通告してきて、対米戦争へと進んでいく。対中戦争と対米戦とはつながっているのである。

この南進政策遂行の東南アジア進駐には戦略爆撃（空襲作戦）が重要な役割を果たした。空からの攻撃は、その後、東南アジアやシンガポールへと続いていく。付け加えておかねばならないのは、最近の研究によると、日本軍は、この戦争で毒ガス・ペストなどの生物兵器を開発し、中国本土で航空毒ガス戦を展開、（いわゆる七三一部隊が有名）、南方戦線でも空襲に際して毒ガスを散布していたことも明らかになっている。

中国諸都市の空襲作戦では膨大な死傷者（ある日本人研究者によると約七百七十万人といわれる）を出したが、この中国に対する加害行為と、その後の対米戦争で空襲被災を受けた被害者という二重の側面を認識しておく必要がある。

日本本土空襲　限定的爆撃から無差別爆撃へ

大戦時の空襲の実体を把握するには、その裏づけとなる資料が欠かせない、しかし、戦前の帝国日本は、そうした資料を保存し後世に伝えるという意識は極めて希薄で（戦後もそうだが）、敗戦時に、政府、官僚、軍組織がアメリカ占領前に多くの資料を焼却したため存在しない。そこで、空襲被災の実態を調査している市民運動「空襲被災を記録する会」の調査活動、ＮＨＫや新聞社など、メディア機関が調べた調査、それに国立国会図書館が七十年代から始めていたアメリカ占領期資料の収集などで明らかになった「アメリカ軍資料」（ＵＳＳＢＳ文書）からある程度全体像は把握できる。

ここでは、空襲の経緯を「アメリカ軍資料」によって見てみよう。アメリカ軍の攻撃は、当初、「精密爆撃」という軍事施設や軍需産業、具体的には、各地にある中島飛行機製造所を主要目標するものであった。しかし、しだいに無差別爆撃に変わっていく。ここでは空襲研究を行ってきた研究者の共通の認識になっている空襲の時間区分にしたがって以下のように分類する。なお、空襲時間についてはアメリカ軍資料と戦後地域で行われた空襲調査との間に若干のずれがある。

第Ⅰ期は、空襲の戦略を中心にした精密爆撃の期間で、一九四二年四月から一九四四年十一月まで。精密爆撃とは、日本の軍需工場などを目標に定めた爆撃である。一九四二年四月十八日の空襲は、以下の作戦と性格を異にしている。この空襲は、日本近海にいた空母ホーネットから十六機の爆撃機が出撃し、東京、川崎、横須賀、名古屋、神戸を襲った。爆撃隊長ジェームズ・ドゥーリトル陸軍大佐から「ドウーリトル空襲」と呼ばれている。

この空襲で死者約五十人、負傷者四百人を出した。この作戦は、その後に始まる戦略爆撃とは性格が違い、日本本土に打撃を与えるのではなく、真珠湾攻撃への報復とアメリカ軍の戦意高揚のためと位置づけられていた。この時期はまだ日本軍が制空・制海権を握っていて空襲を行う飛行地点をアメリカ軍はもっていなかった。

戦略爆撃は、アメリカにおける戦略爆撃機B29の開発が進展し、それが作戦遂行に移された後で行われた。「超空の要塞」といわれたこの爆撃機は六千～九千メートルから爆弾を投下することができた。その年の六月八日、日本海軍は、ミッドウェイ海戦で敗北し、また八月のガダルカナル島攻防戦で日本が敗れて転機を迎えることになる。

B29最初の日本本土空襲は、一九四四（昭和十九）年六月十六日正午、アメリカ軍による北九州工業地帯への攻撃であった。本土から二千五百キロ離れた中国内陸部四川省の成都からであったが、ここからは、燃料、飛行機の性能、爆弾搭載能力などから遠距離爆撃は不可能で、攻撃対象は、九州地区の軍事基地や軍需工業都市に限られていた。指揮官はヘンリー・H・アーノルド。この空襲で六百三十三人が犠牲となった。

第Ⅱ期は、関東以南の本土全域に対する戦略上重要な都市の「精密爆撃」の時期（一九四四年十一月～一九四五年一月）。

一九四三（昭和十八）年二月にガダルカナル島で日本軍が撤退し、一九四四（昭和十九）年七月にはサイパン島も玉砕、太平洋諸島がアメリカ軍の手に渡り、制海権・制空権をアメリカ軍が握り、マリアナ諸島の基地から本土空襲が始まった。この時期は、ヘイウッド・S・ハンセル准将が指揮を執った。同年十一月二十三、二十四日に東京が爆撃を受けた。目標は、中島飛行機武蔵野工場だった。この基地を獲得したことでそれ以後、米軍機の飛行距離が大幅に延長された。東北地方以南の大都市、大村、土浦などの軍都、神戸、浜松、太田などの軍需工業都市が攻撃の対象となった。

第Ⅲ期は、大都市への無差別空襲が開始された時期（一九四五年一月～五月）。米軍の指揮は、カーチス・E・ルメイ少将がとった。この年の二月にヤルタ会談が持たれ、ドレスデン空襲が行われたまさにその時であった。これまでは自粛されていた都市空襲が再開され、三月十日の東京大空襲はこの時に起こっている。既にこの時までに日本の軍需工場は壊滅的な打撃をこうむっており、目標は住宅密集地であった。

ルメイの指揮により、東京大空襲は、米軍作戦任務40号に従い、参加部隊第73、313、314航空団三百二十五機によって遂行された。夜間低空高度焼夷弾の最初の攻撃であった。本所、深川、浅草の下町人口密集地に三百三十万発（千六百五トン）の焼夷弾が投下され大火災を起こした。死者は、約十～十二万人といわれている。

その後、三月十一日、作戦任務41号は名古屋市街地、42号大阪市街地、43号神戸市街地と続く。

そして一九四五年三月からアメリカの沖縄上陸が開始され、三か月に渡り地上戦が展開され、犠牲者約二十三万五千人を出して、沖縄はアメリカ軍の手に落ちた。沖縄戦は日本の「本土決戦」の時間稼ぎ、捨て石と位置付けられていた。

第Ⅳ期は、軍事都市と地方の中心都市（百八十都市がリストアップされている）への無差別空襲の時期で、一九四五年五月末から七月半ばまで。この時期は、ドイツが降伏（五月八日）し、ヨーロッパの戦争は終結に向かっていた時期に当たる。沖縄戦が展開中で、その後、連合国は日本へ無条件降伏を勧告する、この間、軍事施設以外の都市空襲は中止していたが、日本はこの勧告を無視、これによりアメリカ軍は、五月末から東京・山の手、八王子、横浜、川崎など、都市空襲を再開した。六月には静岡、鹿児島、大牟田、四日市、浜松、宇都宮など十万人以上の地方都市が空爆を受けた。

なお五月の東京山の手空襲では、皇居への投爆は厳禁された。アメリカの報告書によれば「将来、アメリカにとり貴重な存在になるかもしれない」からであった。この時すでにアメリカは日本の戦後統治で天皇を利用しようと考えていたと思われる。七月二十六日、「ポツダム宣言」が出され、日本に降伏を呼びかけられたが、日本は無視した。

七月以降は、P‐51戦闘機を使った南九州地域へ爆撃が集中した。本土上陸作戦（オリンピック作戦）の準備のためといわれている。

第Ⅴ期は人口十万人以下の地方都市への無差別空襲の時期で一九四五年八月一日から十四日まで、八月一、二日には、東京八王子、富山、新潟、長岡、水戸、川崎（石油コンビナート）等が攻撃された。八王子は、二日午前〇時から二時まで攻撃され、千六百トンの焼夷弾が投下され、死者四百五十五人を出している。八月五、六日には日本海側の中小都市、佐賀、米子、境港、宮津、舞鶴、関東北部の前橋、関西地域の西宮、それに今治が空襲を受けた。

同じ日八月六日に、広島に原爆が投下された（死者約十二万人）。「新型兵器」（原爆）による空襲である。これまでは核兵器による被災と通常兵器による空襲被災とを区別して論じることが多いが、原爆投下も空襲であり、通常の空襲被災を軽く見ないことが重要であろう。原爆による空襲は、八月九日に長崎でも行われた（死者約六万人）。

戦略爆撃は、同じ八月上旬に地方都市に波及して、宇都宮、一の宮、大牟田、その後、八月半ばには首都圏の北関東諸都市、高崎、太田、前橋などが爆撃されている。

無差別爆撃の最終段階　「最後の空襲」とその意味

第Ⅵ期に当たるのが「最後の空襲」である。一九四五年八月十四日夜から十五日朝まで、ポツダム宣言受け入れ時とその直後に当たる時期であり、天皇による「終戦の詔勅」（音盤）が準備された時刻に当たっている。

アメリカ軍資料によると、この空襲も明確な作戦計画の下で展開されている。八月十四日の作戦は、作戦任務（325〜331）を見ると、山口光海軍工廠、大阪陸軍造兵廠、麻里布鉄道操車場（岩国駅）、日本石油秋田製油所—土崎、熊谷市街地、伊勢崎市街地、七尾、下関海峡、宮津、浜田、それぞれの任務終了記録が記されている。これらの爆撃は、十四日の午前と午後に行われた。（本書資料編を参照）

そして、最後の空襲、十四日夜半から十五日未明までの空襲は、秋田、熊谷、伊勢崎、高崎、そして小田原である。秋田では十四日、二十二時三十〜二十三時三十分頃まで爆撃が展開された。目標は、土崎周辺、特に日石製油所であった。港や市街地も大きな被害を受け、死者約二百五十人。

熊谷は、本書第一章で詳しく述べられているように、作戦329に従い、第313・314航空団九十三機により、十五日零時二十三分〜一時三十九分に遂行され（アメリカ軍資料による）、その後、硫黄島に帰還したとあるが、この空襲時に熊谷に近い行田、深谷、それに本庄でも爆撃を受けて、大きな被害を出し死者も出ている。熊谷の死者は二六六人。

伊勢崎は、ほぼ同時刻に攻撃を受けたが、市民は比較的冷静に避難し、集落もあまり集中していない地域だったが、それでも死者が二十九人出している。

高崎は、アメリカ軍の作戦には入っていないが、伊勢崎から飛来したB29による爆撃で死者は十四人を出している。

群馬と埼玉北部のこの地域は、中島飛行機の本社中枢部分（太田）であった。それゆえ近隣の、本庄、深谷、熊谷、行田など多くが空襲の目標にされていた。

小田原については謎が多い。作戦終了の帰還路に位置している小田原は、七月十日、二十七日、三十日、三十一日、八月五日と爆撃を受けていた。そして八月十五日未明にも。この時には四十八人が犠牲になっている。しかし、当初の作戦計画に小田原は含まれていない。

最後の空襲の意味とは何か？　この空襲は、ポツダム宣言を受諾した前後の時刻に当たっている。米軍当局に受諾が伝えられていれば攻撃は中止され、被災は免れたのだろうか？

アメリカは、日本はポツダム宣言を受諾しても抵抗をやめるとは考えていなかった。実際日本も「最後の一兵」までと「本土決戦」を唱えていた。これに対してアメリカ軍は八月十一日付けの「命令書」を、指揮官のルメイ准将から第20航空軍の各部隊司令官に出していた。それによると北海道から山口県までの新たな攻撃リスト百七十か所が明記されている。（埼玉県では、川口、大宮、深谷、寄居、などの名前がある）

アメリカ軍は、さらに、一九四五年二月のヤルタ会談前に日本の「本土決戦」に際して「ダウンフォール（殲滅）作戦」を計画していた。作戦は「連合国」を主体とする水陸からの地上戦で二つに分かれている。一つは、一九四五年十一月一日に決行する「オリンピック作戦」。この作戦は、南九州に上陸する作戦で、すでに七月からその準備が始まり、この時期からその地域への空襲も始まっていた。これに対して日本軍は、「特攻作戦」により上陸阻止するためと空襲に備え四十を超える「特攻基地」の建設を進めていた。

それだけではない。一九四五年三月に政府は、「決戦教育措置要綱」を閣議決定し、五月に「戦時教育令」を公布し、人々の決戦への「奉仕」を強制した。これは「義勇兵役法」で志願すれば小中学生も戦闘参加が可能になり、まさに「最後の一兵」までという自爆による一億総特攻の準備が始まっていた。

連合軍は、さらに、九十九里浜と相模湾から上陸し、帝都（東京）を制圧する「コロネット作戦」を計画していた。一九四六年三月一日がその決行日であった。では、「コロネット作戦」と「最後の空襲」とはどのような関係にあるのか。この作戦は日本の降伏で実行されることはなかったが、作戦はかなり具体的に進んでいた。

この作戦をその戦跡をたどって現地調査した歴史家でノンフィクション作家の保阪正康氏は、天皇を松代大本営の地下壕に移し、国民総特攻による「国民を不条理な死に追いやる史上最悪の作戦」で百万人以上の犠牲者が出たであろう述べている、あってはならない作戦だったのだ。（詳しくは保阪正康著『本土決戦幻想　コロネット作戦編』参照）

アメリカ軍は、最終上陸作戦とその後の地上戦を想定して、日本兵の軍事拠点を利用する作戦があったと思われる。例えば、熊谷空襲で、市街地を爆撃しても近郊にある「熊谷陸軍飛行学校・飛行場」をそのまま残している。

その後、この飛行場は占領軍の拠点（一万二千人が駐屯した）として利用されたが（現在は航空自衛隊熊谷基地などになっている）、偶然見逃したとは考えられない（八月十一日の命令書には攻撃目標と明記されている）。この作戦が具体的に検討されていたら、「最後の空襲」はどう位置付けられているのか。例えば、小田原空襲について当初の空襲作戦にはなかったが、コロネット作戦の相模湾攻略との関係で「単なる帰りがけの駄賃」で搭載爆弾を落としたわけではないのではないか。一連の爆撃作戦における「最後の空襲」をこの本土上陸作戦との関連で明らかにする必要がある。実態解明にはまだ研究の余地を残している。

ところでアメリカ軍資料によれば、全土空襲で投下された爆弾総量は、十六万八百トン、出撃したB29は延べ三万三千四十一機、日本住民の被害は死傷者八十万六千人、内死者は三十三万人とされている。死者の数は、はっきりせず、この三十三万人から百万人以上と資料によって異なっている。NHKは四十六万人としている。本土空襲の死者数は都市周辺の機銃掃射による犠牲者を含めると百万人あるいはそれ以上かもしれない。

防空態勢と動員される民衆

対米戦争開始時の一九四一（昭和十六）年、日本の軍人・兵士は総数約三百八十万人であった。それが一九四四年には約八百万人（当時の日本の人口総数は約七千五百万人）となっていた。職業軍人は陸軍で約五万人、ほとんど徴兵で集められた一兵卒であった。

一八七三（明治六）年一月、太政官布告により徴兵制が導入された。これにより「国民皆兵」制が確立し、一九二七（昭和二）年に兵役法となった。

近代日本は、天皇を頂点とする軍国主義国家（国体）であった。人びとは天皇の赤子と位置づけられて、主権を持たない（したがって基本的人権もない）臣民であった。人びとは自らを自虐的に「民草」を呼んでいた。雑草のようにたくましいが、いつでも踏みにじられる存在であった。

軍国主義は、人々の日常生活全般を支配し、軍事用語が普通に使われた。例えば、「銃後」という前線に対しての言葉もそうだが、後方においても戦争に参加しているとして女性や子どもの世界を支配していた。後に子どもも戦争に協力する存在にされたし、女性は、当時の家父長制を支える「良妻賢母」を強制された。この影響は戦後の現在にも多少残っている。

大戦末期に政府と軍部は、一九四四年六月以後「疎開」を実施、当時の国民学校初等科（三～六年）を都市近郊の農村に移動させた。疎開とは、軍事用語で前進中の軍隊の間隔をあけること、都市の被害を軽減するために集中している人口や建造物を分散することを意味している。児童の安全を守るのではなく足でまといの存在をなくすことを意味している。

では、どのようにして空からの攻撃に備えたのだろうか。日本では、一九二八（昭和三）年七月五～七日に大阪で最初の「防空演習」が行われた。そして翌二十九年に名古屋で、三十年代には日本各地で行われた。しかしこの時期はまだ焼夷弾（ナパーム弾）は存在せず、主に毒ガスへの対応であった。日本軍は陸軍が独自に毒ガスを生産し、中国で毒ガスを使用していたという背景があった。

一九三三（昭和八）年八月九〜十一日には首都圏の関東地域で「関東防空大演習」が挙行された。最新の高射砲発射など様々なデモンストレーションが行われたが、ここでも毒ガス弾への対応が中心だった。よく知られているように、この演習について反骨のジャーナリスト桐生悠々が『信濃毎日新聞』の社説「関東防空大演習を嗤ふ」で、東京上空で敵機を迎え撃つという想定の演習は、被害を拡大させ、人々にとって何の役にも立たないと批判した。彼はその新聞社の職場を追われた。

この頃、国内の言論弾圧が強化されていた。この演習の少し前、作家の小林多喜二が警察の拷問で殺害され、また「滝川事件」が起こるなど、思想と言論弾圧が強化されていた。

日本が「防空法」を公布し施行するのは、全国で、「防空演習」が実施された後の一九三七年四月であった（敗戦後の一九四六年一月三十一日に廃止）。しかし、その内容は、当然、天皇制国家（国体）を防護することであり、都市などの生活圏や人々の生活を守るためではなかった。人びとの悲劇は、対米戦争が始まり、その後の空襲の中で明らかになる。

すでに述べたように、日本がアメリカ軍の空襲を受けたのは、開戦からわずか四か月だった。それが、一九四二（昭和十七）年四月の「ドゥーリトル空襲」である。絶対破られないという豪語していた軍当局は、予期せぬ空襲に面子を失い、以後防衛体制を強化する。一九三九年八月に地域に隣組（十戸を単位とする）を組織し防空訓練の主体とし、同時に外に明かりを漏らさないよう灯火管制を徹底させ、バケツリレーや防空リレーなどそれぞれの隣組を競わせ住民の監視体制を強化して空襲に対処した。各家に防空壕を掘り、空襲の際の避難場所にしたが、実際にはほとんど役に立たなかった。空襲では防空壕で多くの人々が命を落としている。

一九四一年の「防空法」改正では、「逃げるな、火を消せ」として、その違反者を「非国民」として懲役や罰金を科している。ここではかなり神がかりな精神主義が強調されている。

「銃後」の守りは女性たちの義務となった。各地域に愛国婦人会や国防婦人会が組織され（一九四四年に大日本婦人会に統合された）、兵士への慰問活動を指導し、各家庭の隅々まで監視した。銃後という世界を女性の視線、ジェンダーの視点で捉え返すと戦争の別の顔が見えてくる。女性の協力なしには戦争は遂行できないからである。

子どもも戦時体制に統合された。日中戦争から対米戦まで子どもを「小国民」（年少の皇国民）として、教育を通して軍事政策に統合していった。子どもたちも、それに影響された。戦前から戦中にかけて「戦争ごっこ」や「戦争ゲーム」が年少教育の一環として位置づけられた。当時の子ども達の遊びにそれが表れている。軍艦遊び、戦車競走、慰問ごっこ、陣地占領競争、包帯巻競争、担架競争、体当たり戦争など。子どもたちは、こうした遊びを通して戦争という時代を生きていた。当時の子ども（男）の夢は「立派な兵隊さんになる」ことだった。

学校教育は、教育勅語によって規定されていた。これは一八九〇（明治二十三）年十月末に発布されたもので、教育だけでなく人びとの生活全般にわたる規範でもあった。国家神道の経典で天皇は「皇祖皇宗」の神聖な存在であり、臣民は天皇に尽くすことを義務づけていた。そこで教育現場では、天皇の「御真影」を守るため「奉安殿」が設置され、教師も生徒もそれを守ることが義務づけられた。実際、空襲の際、この御真影を守るため多くの教師や生徒が犠牲になったという記録がある。教師や生徒の命より天皇の写真の方が優先されたのである。

一九二五（大正十四）年四月に「陸軍現役将校学校配属令」が制定され、学校現場に現役将校が配属され、中学校以上の生徒に軍事教練が行われ、敗戦まで続いた。教育に軍が直接介入した。

戦時中に、とりわけ空襲下で人々（庶民）がどう生きたかは、最近の漫画『この世界の片隅で』（原作こうの史代）で知られている。この作品はアニメ映画となって大ヒットした。これは広島県の軍都呉の「呉空襲」を生き抜いた一人の女性の物語である。

一九三七（昭和十二）年の「国民精神総動員運動」、翌年の「国家総動員法」で「挙国一致・尽忠報国・堅忍持久」

スローガンのもとで、動員体制が強化され、戦時美徳、銃後美徳を戦争に協力していたメディアで伝えられ、戦争末期には「神がかり」な精神主義が採用され、次第に狂信的なものになっていく。これらの国民総動員のパフォーマンスについては戦時下の広告、チラシ、ポスター、戦時下の文化状況、スローガンなどを集めて分析したフリー編集者の早川タダノリ氏が蒐集した多くの事例がある。終戦末期には、驚くべき決戦生活が描かれている。とりわけ女性への働きかけの中心になっていた雑誌『主婦の友』のプロパガンダは、「アメリカ兵をぶち殺せ！」のスローガンを掲げ、一九四四年から毎号「決戦生活」、「敵前生活」「突撃生活」「勝利の体当たり生活」「勝利の頑張り生活」「一億特攻生活」「勝利の特攻生活」といった特集タイトルが組まれていた。そして日本は、狂気の「特攻作戦」へ、そして敗戦に向かって進んでいく。図像学でこの時代を分析・表現した若桑みどり氏が言うように「信じられないほど馬鹿なことが起こる時代」だった。

敗戦と終戦　空襲体験の思想

一九四五（昭和二十）年八月十五日、天皇のいわゆる「玉音放送」（四分三十七秒の終戦の詔勅）があった。これで戦争は終わったと人々は安堵した。人々は敗戦をどう受け止めたのか？　この時戦争は終わったのか？　人びとにとってこの日は「戦争が終わった日」であり、空襲から解放された日であった。一部の軍国主義者とその信奉者には敗戦の悔しさを味わった日かもしれないが。

実際には、八月十五日で戦争は終わっていない。北方の樺太、千島列島、占守島の戦闘は八月十八～二十一日まで続いていた。日本軍が武装解除されるまで、植民地各地を含めて死傷者一万人以上を出している。八月一五日についてメディアが情報操作した「やらせ」をしたことも知られている。実際の敗戦は、九月二日、連合軍との降伏文書に調印した日であった。天皇の終戦の「お言葉」を戦争終結の根拠にしたいというある種の「忖度」

が働いているともいえる。

現在、八月十五日は「終戦記念日」とされている。これは一九八〇年代の中曽根政権時代に制度化された。しかし、終戦と敗戦では意味が違う。後者には責任を伴う。終戦は、この責任を曖昧にするための仕掛けであったともいえよう。それでも「終戦記念日」はすでに定着している。

「空襲体験」は日本人に何をもたらしたのか。子ども時代、大阪空襲を幾度となく体験し、死に物狂いで逃げ回った作家・社会運動家の小田実氏は、人々が虫けらのように殺されていくのを「難死」と呼び、その死は無駄な「犬死」でしかないとしたが、あの戦争による人々の死の意味を捉えたものはそれ程多くない。本章の執筆に当たり多くの地域で記されている体験や報告を読んだが、それぞれの生活地域、置かれた立場、年齢などによって異なるが、七十年代末までは、戦時・銃後体験が生きていて実に生々しく描かれている。しかし、時がたつにつれて、置かれた立ち位置が曖昧になり、すべて対米戦争の「被害者」からの視点に傾斜し、さらに、あたかもこの出来事が「天災」と同レベルで書いている人も多くなる。戦争は天災ではない、地震・津波・洪水・台風被害とは違う。当時の指導者によって遂行された政策である。そこには「当事者意識」が欠落している。そのためか、日本が中国で行ったいわゆる植民地政策についても、韓国統治についての発言や言及は極端に少ない。日本の東アジアへの視線は、それほど変わっていない。

各地の戦災記録も調べたが、空襲により被災状況、死亡者、負傷者、罹災者、倒壊家屋などの被害状況は文献・資料によってまちまちで統一されていない。実際、被災名簿すら多くの自治体で作成されていない。東京都では、死者の名簿さえ公開していない。棄民政策は現在も維持されているといっていい。

敗戦から戦後民主主義へ

敗戦によって日本は軍国主義から民主主義に舵を切った。人々は戦後、連合国最高司令官ダグラス・マッカーサー率いるGHQ統治の下で、いわゆる焼け跡の時代を生き抜いた。戦後ゼロ年には、焼け跡、闇市、戦災孤児（約十二万人）を生み出したが、人々は持ち前のエネルギーで危機を乗り切った。戦後復興は予想以上に早く実現した。

この間、民主主義の諸制度は、占領国アメリカによって与えられた。GHQは四十五年十月に民主化指令（労働組合結成の推奨、女性の解放、学校教育の自由化、財閥解体、農地解放などの経済民主化）を出し、翌年三月、GHQが提案した戦争放棄条項を含む日本政府の「憲法改正草案要綱」を公表し、四十七年五月三日、日本国憲法が施行された。天皇は「象徴」となり、人びとは主権を持つ国民となった。そして、朝鮮戦争後の一九五一年三月にサンフランシスコ条約が発効する。敗戦からこの五年間の戦後の出発点に注目したい。国民は何求めていたのだろうか。

その一つの方向に平和主義の憲法制定に伴い、平和的文化国家を建設しようとする動きだった。地域社会でも、若者を中心に、地域文化再生の動きは活発で、その動きは全国各地で雨後の竹の子のように生まれた。人びと、特に若者は「教養」や「知識」を渇望していた。

さらに、戦争直後に勢力を拡大していた革新派（共産党など）の影響のもとで、五十年代には労働者を主体にしたサークル文化も活発になった。各地でうたごえ運動も広まった。反戦平和、民主主義を求める人々の拠点で、筑豊、東京南部、京浜の労働者や広島・長崎の被爆者などが文学、詩、短歌、俳句、アートなどの創作活動を行いサークル誌が生まれた。しかし、GHQによるその後の反動政策、レッドパージによる弾圧などでこれらの活動は以後拡大することはなかった。これらの運動から地域社会を変革する主体を生み出すことはできなかった。時がたつにつれて若者たちも農村共同体や社会的保守層の世界に寄り添っていく。

こうした動きについて、ある研究者は、人々は、あの過酷な戦争体験を決定的な契機として、戦前から地域社会に存在していた平和・自由・共助などの伝統的価値観の上に民主主義を自ら作り上げ獲得していったと評価する一方、また、ある研究者は、軍国主義の「冬服」を平和主義の「夏服」に代えたにすぎず、中身は何も変わらないままだと批判している。どちらも正しいといえよう。

しかし、あの戦争をどう総括し、どのように責任を取ったかという論点から見ると責任を十分に果たしていないといっていい。これについて、連合軍による「極東国際軍事裁判」（東京裁判、一九四六年三月〜一九四八年十一月）でA級戦犯七名が処刑されたが、他は指導者の責任は曖昧にした。そのため例えば、インパール作戦など南方戦線を指揮した指導者たちは、何ら罰せられることなく余生を全うした。最高司令官の昭和天皇の戦争責任も曖昧にして終わっている。戦前、神として崇拝された天皇と、GHQが日本の統治に使った「象徴天皇」は矛盾なく連動している。戦前と戦後は、それほど違和感もなくつながっているように見える。

そのためか、戦後になっても国の「棄民政策」は変わっていない。一つの例として、空襲被災者の補償問題を挙げておこう。

二〇〇〇年以降、各自治体は空襲犠牲者に対して、慰霊行事、モニュメントの設置、平和センターが建設され、各地に「空襲被災者の会」が作られ、戦災記録も刊行された。こうした中で空襲被災者の補償裁判が始まった。

一九八七年六月の名古屋空襲裁判は最高裁でいわゆる「受忍論」判決を出すと、二〇〇七年の東京空襲訴訟でも、二〇〇八年の大坂空襲総訴訟でも門前払いをしている。提訴理由の一つに軍人・軍属補償の問題がある。これについてすでに「戦傷者戦没者遺族援護法」（一九五二年）で政府は六〇兆円以上を「遺族年金」として支払っている。これに対して民間の犠牲者には一円も払わないという状況が続いている。国の基本政策は「一般市民の戦争犠牲者は国家補償の対象にならない」ということである。

現在、「立法を通して解決するため」議員立法の準備も始まっている。二〇一七年四月に連絡協議会が超党派議員連盟を結成、立法活動が行われているが、法案は未だ国会に提出されていない。

ついでに言えば、戦後十九年目の一九六四年に東京大空襲を始め大都市爆撃を指揮し「鬼畜ルメイ」といわれたあのカーチス・ルメイ空軍参謀総長に、日本政府（佐藤栄作内閣）は「勲一等旭日大綬章」を贈っている。「航空自衛隊の育成に貢献した」のがその理由だが、まるで「ヒットラーにノーベル平和賞」を贈るようなこの措置に、日本国民の多くは反対しなかった。

結び　課題と展望　空襲体験を継承するために

戦後七十五年、戦争体験者の多くはすでに鬼籍に入っており、戦時体験者から話を聴く機会はなくなりつつある。おそらく戦後七十五年が限界点であろう。

近代史家の成田龍一氏は、戦争経験について、敗戦の一九四五年から一九六五年までを「体験」としての戦争、一九六五年から一九九〇年を「証言」としての戦争、一九九〇年以降を「記憶」としての戦争として語られる、と述べている。しかし、現在の政治動向からみれば、戦争の「忘却」と共に、新たな戦争の始まりとして把握できるかもしれない。あの戦争の記憶は薄れ、この間、記憶を継承して、平和を求めてきた戦後の「平和への希求意識」は、その風化の一途をたどっている。

空襲・戦災の記録については、戦後、都道府県の行政、地域の市民団体、それに市民運動など、独自に地域に根差した活動を通して多くの経験が蓄積されている。しかし、空襲犠牲者の実情についてまだその名簿すらないのが現状である。

では戦争体験、空襲体験をどう継承し、次の世代に手渡していくのか、一九七一年に生まれ戦災を記録してきた市民運動は、全国を網羅する「空襲・震災を記録する全国連絡会議」を組織、各地域の空襲記録をまとめ、研究活動を続け、次世代につなげる活動を現在も行っている。この持続的活動を通して歴史研究として「空襲体験」が蓄積され、それを次世代に継承する方向を目指している。

新たな戦争の足音が聞こえ始めている今日、地域ごとにさらなる具体的な調査・研究が必要になっている。

参照文献（順不同）

・『日本の空襲』全一〇巻、三省堂、一九八〇年

第二巻（茨城・栃木・群馬・埼玉・千葉・東京都23区外）

復刻版、二〇〇三年、三省堂

・早乙女勝元『図説　東京大空襲』河出書房新社、二〇〇三年

・NHKスペシャル取材班『NHKスペシャル　本土空襲全記録』角川書店、二〇一八年

・小山仁示訳『米軍資料　日本空襲の全容　マリアナ基地B29部隊』（新装版）東方出版、二〇一八年

・平塚征緒編著『米軍が記録した日本空襲』（新装版）草思社、二〇二〇年

・竹内康人『日本陸軍のアジア空襲　爆撃・毒ガス・ペスト』社会評論社、二〇一六年
・重信幸彦『みんなで戦争　銃後美談と動員のフォークロア』青弓社、二〇一九年
・大前　修『逃げるな、火を消せ！　戦時下トンデモ「防空法」』合同出版、二〇一六年
・早川タダノリ『「日本スゴイ」のディストピア　戦時下自画自賛の系譜』青弓社、
　同　『「愛国」の技法　神国日本の愛のカタチ』青弓社、二〇一四年
　同　『神国日本のトンデモ決戦生活』合同出版、二〇一〇年
・若桑みどり『戦争がつくる女性像　第２次世界大戦下の日本女性動員の視覚的プロパガンダ』筑摩書房、一九九五年
・吉見義明『焼け跡からのデモクラシー　草の根の占領期体験』（上・下）二〇一四年
・成田龍一『「戦争経験」の戦後史　語られた体験／証言／記憶』（増補）岩波現代文庫、二〇二〇年
・福間良明『「勤労青年」の教養文化史』岩波新書、二〇二〇年
・前田哲男『戦略爆撃の思想　ゲルニカ─重慶─広島への軌跡』（新訂版）凱風社、二〇〇六年
・荒井信一『空爆の歴史　終わらない大量虐殺』岩波新書、二〇〇八年
・保阪正康『本土決戦幻想　オリンピック作戦編』『本土決戦幻想　コロネット作戦編』毎日新聞社、二〇〇九年
・近藤信行『炎の記憶　一九四五・空襲・狂気の果て』新潮社、二〇〇五年
・田中利幸『空の戦争』講談社現代新書、二〇〇八年
　同　『検証「戦後民主主義」わたしたちはなぜ戦争責任問題を解決できないのか』三一書房、二〇一九年
・栗原俊雄『戦後補償裁判　民間人たちの終了しない「戦後」』NHK出版新書、二〇一六年
・小田　実『被災の思想　難死の思想』朝日新聞社、一九九六年
・『空襲通信』第一号（一九九七年七月）～二一号（二〇一九年八月）
・『市民のつづる　熊谷戦災の記録』熊谷市文化連合、昭和五〇年（一九七五年）
・『熊谷空襲の記録と回顧　熊谷空襲六〇周年・語り継ごう・戦争の悲惨さを』熊谷市立図書館、二〇〇五年
・鯨井邦彦編著『（戦後七〇年）太平洋戦争　熊谷空襲体験者の証言』熊谷雑学研究所、二〇一五年

第五章

戦後を生きて

私は、熊谷空襲があった日に生まれました。

米軍は、市街地の中心部をねらい、B29九十機が飛来、十四日夜半から翌十五日にかけて、燃え狂う炎が人々の寝こみを襲ったのです。廃墟になった街に玉音放送が流れ、本土最後の空襲は終わりました。

私の家もその渦中にありました。私を出産したばかりの母が見たものは一面の焼け野原、廃墟の中で灰になった自宅でした。夫は特攻で出て行ったまま帰らず、三月十九日空襲の五か月前、戦死したとの知らせが届いたのです。

戦争で引き裂かれた家族、私は母のお腹の中で両親の悲しい別れを聞いていたような気がします。

戦後七十五年を経ても癒えない私の傷は、今大きな平和への祈りとなっています。

米田主美（ペンネーム米田　かずみ）

私が生まれた日

——もう、僕はこれで帰れないから
父は特攻で出て行った
母のおなかにいた私は
母の涙を知らなかった

生まれた日
街は焼き尽くされた
母は私を産み
私を抱いて
残骸になった自分の家の焼け跡を見た
乳も出ず
泣くばかりのわが子を抱きしめた

三月十九日
父はすでに南の空に散って逝ったことを
母は知らなかった

一九四五年八月十四日
それは熊谷空襲のあった日

私は焦土と化した
瓦礫の中で生まれた

翌日
天皇の玉音放送が流れた

うちわ祭り

幼い日
体の中に入った祭り太鼓や笛の音は
故郷を離れていても
聞こえてくることがある
眼に広がる祭り絵図

ページを繰れば
祇園の山車が街を練り歩く

町内名入りの提灯が揺れ
夜空に立ち上がる
等身大のからくり人形

観衆の渦の中
十二台の山車が居並び
笛太鼓の音は一斉に
天高く轟く

足元を流れる星川に
戦火を逃れきれなかった人々が眠る

川底の死者と生者が
笛太鼓に導かれ

それは祈りの笛の音色に変わって
天に昇る

祖父母から母へ
母から私へ
私から息子へ
受け継がれた笛太鼓の音は
この日、一つになる

うちわ祭り

今年も
祭りを知らせる熱い風が
私を呼んでいる

おんぶ

幼い頃から
私の中に棲みついた思い
一度も会うことのなかった
お父さん
もうとっくに消えてしまった
と、思っていたのに

夏の夜空に
突然、私を呼ぶ声がした

――おんぶしてあげるよ

体中が熱くなり
幅広い背中に
しがみつこうとした時
その背は冷たく
夜空に消えてしまった

お父さん

私が生まれる前に
戦地に消えた

顔も声も知らない
お父さん

影
―遠い記憶―

友だちがお父さんの話をしている
友だちの輪に入れない私は
輪のまわりを
ぐるぐる回っているうちに
足元に
影が落ちた
校庭に
風がやってきて
落ち葉と遊んでいる
落ち葉は

伸びたり縮んだりして
まわりながら影をすくい取っては
彼方へ持っていく
いつしか
私も落ち葉になっていた
戦場に
父の影を追いかける
落ち葉に

米田かずみ詩集「私が生まれた日」より

二〇二〇年六月　夏の記憶

小川美穂子

この春、フェイスブックの投稿記事をみていて、「そうか」と驚嘆した。「そうだった」。「あれから六十周年」という記事のタイトル。残念ながら、紙媒体でなく、私の苦手なネット上の文章。「あれ」とは、つまり「六十年安保」‼　そして、「6・15」から遥か六十年の歳月が流れたわけだ。こんなに遠くに来てしまったのだ。

切ないほどに、毎日更新されるコロナ関連の情報を探し求めてのネットサーフィンに時間を費やしつつ、この「コロナ禍」の最中、一番の支柱となっていたのは、「こういう時こそ哲学しなさいね」という敬愛する高城三郎先生の言葉だ。第二次世界大戦を生き延びて後、結核によるサナトリウム生活において「パンセ」を糧に自分を立て直した熱烈な元軍国少年にして、激動の戦後を自在に泳ぎ切った元教師の葉書にあった一節は、「元気に籠城しています」だった。

先生のいつもとかわらぬ達筆とクリアに語りかけて下さる電話の声を脳裏に閉じこめ、なんとか正気を保っていた私の、二〇二〇年の冬から夏にかけて。これは大げさではなく、本当に言葉通りの意味合いだった。毎週、以前と変わりなく、電車を乗り継いで「熊谷

父の遺品の6・15特集『アサヒグラフ』

と酒々井《しすい》（成田の隣町）の往来」を続けている。母のいるグループホームは、もちろん面会禁止だが、毎日差し入れと絵手紙を持参した。二月二十九日、嚥下障害により心肺停止となって蘇生した後、車椅子生活になってしまった母をなんとか、元の生活に戻したいという一念だ。もちろん、怖い。自問自答の繰り返しだ。「いま、こんなことをしていていいのかしら」。そして、最初のうちは、疑心暗鬼の人間模様が渦巻く狭い車中で様々なシーンに出くわしたものだ。母が倒れたのとコロナによる「新しい生活様式」とやらは、同時進行だった。その上で私の到達した着地点は、「自粛はしない」。自分の責任のもとに、大本営発表は鵜呑みにしないで、打つ手は打った上で、お上にもの申す、だった。

しかも、まだ先は見えてこない。（六月二日現在）

この六月にこんな文章を書くのも、本当に巡り合わせだ。つまり「6・15」は、多分私の原点なのだと、数年前に気がついた。国会前で東大生樺《かんば》美智子《みちこ》さんが警官の暴行が原因で死に至った事件と、戦後七十五周年の今は、完全にリンクした。大戦も安保闘争も、そして、「コロナとの日々」も、ある意味では、人間の哀しいまでの分断・大国の対立・「われらが闘争」を浮き彫りにしている。

私の父は村上水軍の血を引き、山口県大島を出自とするが、親の仕事の関係で一九二八年に平壌で生まれた。長男としての引き揚げの苦労の後、税務官吏となって上京。寡黙な父は、晩年の日々にも何も言い残さなかったが、亡くなって後に、だんだんと記憶の断片や遺された本やノートを手にして、父があって、自分があるということがわかった。

私の知る熊谷空襲や広島・沖縄戦の語り部の方には、「ずっと口を閉ざしていたけれど、いま自分が語り伝えなくてはならないと思っています。聞いて下さる方がいるうちは話したいです」という方が多い。

そんな、それぞれの七十五年。これが身近なものとなったのは、偶然でしかない。熊谷に暮らすようになり、タウン誌「タウンタウン熊谷」に籍を置き、数えて二十五年。「熊谷空襲」が私のテーマとなったが、この街でふれあった人々が私をここへ導いた。

この冬。何人かの恩ある人々が亡くなった。時代の変わり目でもある。そして、天安門事件から三十一年、光州事件から四十年だ。更に、今年は、大学紛争の火種が各地に広がって発火した高校生達の学園闘争から五十年ということになる。

知人が関わってこの春発行された「鉄筆とビラ【立高紛争】の記録一九六九―一九七〇」。この本に呼び寄せられるようにして、私は「熊谷高校八十周年誌」を手にすることとなった。熊谷高校でも服装自由化や七十年安保闘争に関して、生徒会と教師たちが真剣に向き合った「蜜月」があったことを伝える本誌。その中に写真入りで克明に記されていたのは、戦前の軍国教育に関する記述だった。いわく「報国農場」「学校武道」「防空訓練毒ガス救護班」等々。これはみな「熊谷の姿」だ。

……たくさんの記憶が眼前に顔を出す。「記録なくして事実なし」。


二〇二〇年は、まさに東京オリンピックが幻となった年でもある。東京都昭島・小金井市に過ごした子どもの頃の語り尽くせない思い！　まだ街中に「戦争」の匂いがしていた。そして、明るい大空の下の東京五輪。色とりどりの風船が遙か上空を飛んでいった。

さて、この五月十九日夕刻、わたしは国会前にマスクをして立っていた。ささやかな抗議活動に連帯し、久しぶりに地下鉄に乗った。私が知る限りでも、国会議事堂周辺もずいぶん変わった。あくまでもソフトに警告する警官達。対するはたったの六百人。虚空を睨みつつ、道ばたの野草などと共にシャッターを押し続けた。

最後に作家李恢成の言葉を記す。「ヘイトは別の名のコロナ」。「未来の言葉を探そう」という呼びかけはこう結ばれる「われわれは『世界人』となるプロセスを生きている、そういう未来があると信じられればうれしいじゃないですか」。

【引用】：五月十日配信『埼玉新聞』【ハーベストタイム】より李恢成インタビュー「在日を描き人間の意味問う」。作家は、二十年以上にわたり「地上生活者」を執筆中。最新刊第六部で三千五百ページを超えて第七部完結を目指す。

【注記】一九六〇年六月十五日、その頃の状況

アメリカと日本の間で、安保条約の歪がつぎつぎと明るみに出る中で、日本中の世論が十年目の改定の時期を迎えて沸騰していた。永田町、国会周辺は「安保反対！　改定を許すな！」と連日万余の民衆が取り囲み、昼夜を超えてデモが続いていた。道幅一杯にジクザグに腕を組んで行進するフランスデモが考案され、国会周辺は地響きがしていたという。そんな中で一人の女子学生が警官の暴力により命を落とし、「聖少女」としてあまたの伝説のこした。

今年も当日、事件の現場である国会南口通用門で追悼集会が開かれ、遺影に向かって献花し黙祷する人々の姿があった。

星川に刻まれた理不尽な歴史を伝えていくために

大久保由美子

初めて熊谷の地を踏んだのは今から三十五・六年前。後に配偶者となる人の家族への挨拶の為だった。まだ新幹線が通っておらず、上野駅で高崎線に乗り換え降り立った熊谷駅。そこから彼の家まで歩いて行く道の途中、星川を見た。こんな町中にしかも駅にすごく近いところに川が流れているなんて、素敵だなあと思ったことを覚えている。ほどなく、この星川で一九四五年八月十四日の深夜から十五日未明にかけ、空襲があったこと、そして、この川で多くの人が亡くなったことを知った。そんな理不尽なことがあっていいの？　最初に聞いたときは、何とも言えない怒りとか無力感とかそういったものを伴った驚きの感情が湧いてきた。十五日ってお昼の十二時になれば玉音放送が流れて、終戦になる日。そんな日の未明に空襲？　焼け出された人はどんな気持ちであの放送を聴いたんだろう？　空襲が来るのを知っていた人がいたとも聞いた。なぜ？　知っている人がいたのに、知らなかった人が二百六十六人も犠牲にならなくてはならなかった？　何をどう考えても理不尽極まりない！

結婚後二年ほどして熊谷に住むことになった。しかし、私は熊谷空襲に関して、その後誰かから聞くことはなかった。子育てと、見知らぬ土地での人間関係に戸惑いを覚えながらも友人を作ることに必死で、一九四五年の出来事に思いを馳せることがなかった。というより、そこに思いをつなぐことを敢えてしなかったというほうが正しい。理不尽すぎる、悲しすぎる、どうすることもできない。そういう出来事を知ることに怖さを覚え、防衛してしまったのかもしれない。空襲後焼け野原になった熊谷の市街地は区画整理が施され、碁盤の目のような道路が敷かれ、曲がりながら流れていた星川もまっすぐに流れを変えたそうだ。慣れない町での生活に必死な私には、戦後整備された町のどこにも戦争の跡をみつける事が出来なかった。

今回、縁あって熊谷空襲七十五周年出版プロジェクトに参加して、私は初めて熊谷空襲に向き合った。残念ながら三十年前だったら生々しい話を聞くことができただろう多くの方が鬼籍に入られた。七十五年も経っているので、話を聞けた方は当時十歳前後。ところが、その方たちの記憶の確かさに驚かずにはいられなかった。子ども心にも強く刻まれた出来事だったのだと改めて思った。すでに大人になっていた人の話ではなく、子どもだった人の話を聞けたのは、ある意味良かったのではないかと思った。当時の学校の様子、子ども達が戦争に行った人の家で畑仕事などを手伝った話など、戦争中の子ども達の暮らしを聞くことができた。また、それを高校生の皆さんと一緒に聞くことができたのも新鮮だった。私の年代であればテレビでの戦争ドラマや親からそれとなく聞いた話などを通じて、当然知っていることを高校生は実は何も知らなかったということも驚きだった。戦争花嫁の話を聞いた時の小林さんの反応、「そんな会ったこともない人との結婚なんて、しかもその人は戦争に行っちゃって、帰って来るかどうか分からない人のお嫁さんになるなんて、私だったら絶対に嫌！」それはそれは大きな反応だった。そうか、そうだよね、結婚に関して、七十五年も経てば、これは当たり前の反応だよね。それと同時に、伝わっていなかったことの罪悪感を覚えた。恐怖に対して防衛をして、知ろうとしなかった、話そうともしなかった私…私の世代の多くの人達、そして、なかったこととして、水に流したり、都合の悪いことに蓋をしてしまう、日本人の持つそんな性質。それではまた同じ歴史を繰り返してしまう。

二〇二〇年八月十六日、コロナ禍で中止になった市民参加の灯篭流しだが、富岡市長他最少人数で行われた。

この熊谷空襲七十五周年記念誌は、熊谷空襲にフォーカスしながら、日本全国の空襲、そして、世界の空襲にも言を交えながら、戦争の無意味さ理不尽さを伝えられたらと私は思っている。願わくば、次の世代の人たちに伝わっていってくれたらと思う。

子育て中の私が見つけられなかった熊谷空襲の戦跡は町のあちこちに散らばっていた。しかし、朽ちてきたもの、取り払われたものも実は沢山あることも、このプロジェクトに参加して知ることができた。戦跡がもっと重要な物として残され、そして、それらの戦跡を通して、熊谷空襲について、授業の一環として子ども達に伝える機会を永遠に作っていけないかなあと妄想する。

資料編

資料　歴史年表

年号	日にち	事項
1931（6）	9月18日	満州事変（奉天郊外の柳条溝で鉄道爆破）
1932（7）	5月15日	五一五事件（犬養首相暗殺）
1933（8）	3月27日	国際連盟脱退
1936（11）	1月　5日	ロンドン軍縮会議決裂（日本脱退）
	2月26日	二二六事件（斎藤内大臣、高橋蔵相、渡辺教育総監暗殺）
1937（12）	7月　7日	日中戦争（北京郊外盧溝橋付近で日中軍衝突）
1938（13）	4月　1日	国家総動員法公布
	7月19日	オリンピック東京大会返上
	12月18日	重慶爆撃（1943年8月23日まで218回）
1939（14）	5月11日	ノモンハン事件（ソ連国境ノモンハンで日ソ両軍衝突）
	7月　8日	国民徴用令
	9月　1日	第二次世界大戦（ドイツ、ポーランドに侵攻）
1940（15）	9月23日	日本軍北部仏印進駐
	9月27日	日独伊三国同盟
1941（16）	7月28日	日本軍南部仏印進駐
	8月　1日	アメリカ、石油など重要軍事物質の対日禁輸
	12月　8日	太平洋戦争開始（イギリス領マレー半島コタバル上陸、ハワイ真珠湾攻撃）
1942（17）	1月　2日	マニラ占領
	2月15日	シンガポール占領
	4月18日	東京初空襲（死者39人、負傷者307人、罹災世帯1,227軒）ドーリットル空襲
	6月　5日	ミッドウエー沖海戦
	8月　7日	アメリカ軍ガダルカナル島上陸
1943（18）	5月30日	アッツ島守備隊全滅
	9月　8日	イタリア無条件降伏
	10月21日	学徒出陣壮行会（神宮外苑）
	11月25日	ギルバート諸島、タラワ・マキン両島守備隊全滅
	12月　5日	東武熊谷線、熊谷—妻沼間開通
1944（19）	2月　4日	マーシャル諸島、クェゼリン・ルオット両島守備隊全滅
	3月　8日	ビルマ・インパール作戦開始
	6月30日	学童集団疎開閣議決定
1944（19）	7月　7日	サイパン島日本軍全滅

1944（19）	8月10日	グアム島日本軍全滅
	8月22日	沖縄疎開船「対馬丸」沈没（疎開学童死亡）
	8月27日	熊谷6寺院に東京京橋区（中央区）京華国民学校学童疎開受け入れ
	8月下旬	テニアン部隊全滅
	10月20日	アメリカ軍レイテ島上陸
1945（20）	2月　4日	ヤルタ会談（ソ連対日戦争に関するソ連・アメリカ・イギリスの協定）
	2月10日	群馬県太田市中島飛行機空襲
	2月25日	中島飛行機小泉製作所空襲
	3月10日	東京大空襲（死者約83,000人、負傷者約40,000人、罹災家屋約268,000軒）
	3月26日	硫黄島全滅
	4月　1日	アメリカ軍沖縄上陸
	5月　8日	ドイツ無条件降伏
	6月23日	沖縄守備隊全滅
	7月26日	ポツダム宣言（対日降伏宣言　アメリカ、イギリス、中国）
	8月　6日	広島に原爆投下（死者約140,000人）
	8月　8日	ソ連対日宣戦布告（満州侵入）
	8月　9日	長崎に原爆投下（死者約70,000人）
	8月10日	御前会議でポツダム宣言受諾を決定（スイス、スウェーデンを介して通知）
	8月13日	小原飛行場、戦闘機による攻撃で飛行機全壊
	8月14日	ポツダム宣言受諾（無条件降伏）、スイス、スウェーデンを介して通知
		熊谷空襲（主に焼夷弾、死者266人負傷者約3,000人罹災家屋約15,000軒）
		伊勢崎空襲（主に焼夷弾、死者40人）
		小田原空襲（熊谷、伊勢崎空襲の帰路余分な焼夷弾等を投下、死者12人）※死者48人という記録もある
		秋田県土崎空襲（製油所、死者約250人）
		大阪造兵廠への空襲（軍事施設、大阪城とその周辺、死者約500人）
		山口県光海軍工廠への空襲（軍事施設、死者738人）
		山口県岩国市駅周辺への空襲（主に爆弾、死者517人）
	8月15日	天皇による大東亜戦争終結ノ詔書の音読（玉音放送）
	8月30日	マッカーサー連合国最高司令官厚木飛行場に降り立つ
	9月　2日	東京湾戦艦ミズーリ艦上で降伏文書調印（重光葵、梅津美治郎）
	9月11日	東条英機ら戦犯39人に逮捕令

※年号は西暦（昭和）です

資料　熊谷空襲市街地の被災状況

1．熊谷空襲損傷の評価（米軍報告書から作成）

米軍報告書から市街地の焼失区域を描いてみました。米軍は空襲を行う前段として、熊谷市街地と市街地の工業区域を特定しています。本書第２章第４章でも触れられていますが、中島飛行機の主力部品工場である熊谷航空工業などは、空襲されていません。空襲は主に焼夷弾が使われましたが、明らかに市街地を焼き尽くす作戦です。この攻撃に正当性を与えるために、市街地には中島飛行機の部品工場が点在していることを証明したものと思われます。数字で示された工業区域は中島飛行機の部品工場と特定しているところですが……。当時、鎌倉町にあった清水染工場は、清水航幾に転換させられていましたし、市内に多くの中島飛行機の部品工場があったのも事実です。

2．熊谷戦災概況図（第一復員省作成）

1945（昭和20）年12月に第一復員省資料課が作成した熊谷の被災地図です。復員帰還者に郷里の状況を知らせるために作成されたものです。下記地図は、国立公文書館デジタルアーカイブデータから取得し見やすく修正しました。米軍の損傷の評価と類似していますが、この地図だと、高崎線・秩父鉄道・東武熊谷線の北側は、星川近くまでは被災していないよう見えます。どちらの地図にもいえるのは、面での被災を表したもので、この区域以外にも被災した家屋は点在しました。B 29の航路は東の行田、太井、久下、平戸、佐谷田地区から本町・石原を集中的に攻撃し、旋回して南に抜けたのか、荒川河川敷、村岡、万吉など荒川南岸地域も被災しています。

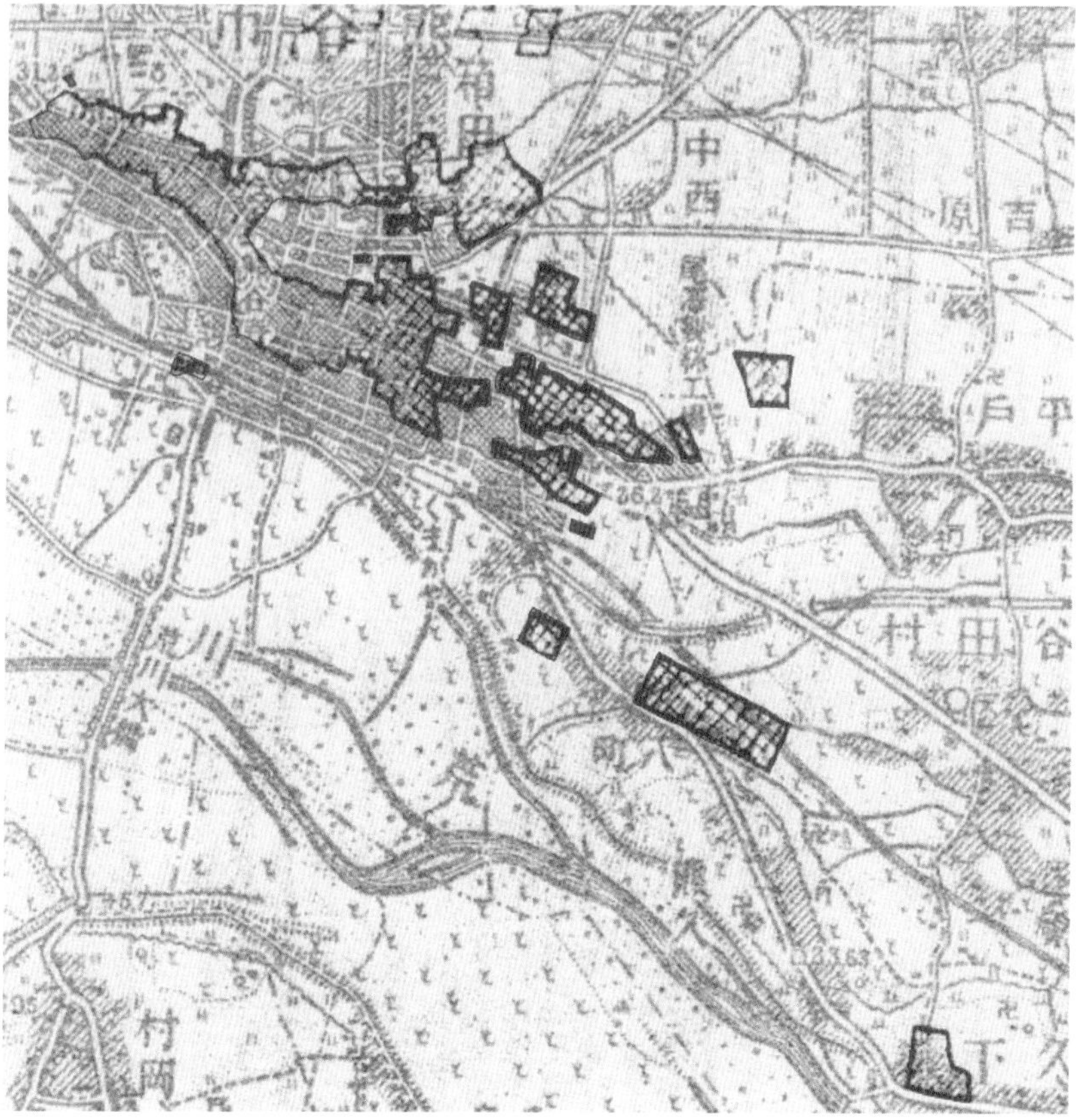

資料　熊谷空襲に関する米軍の報告書より

S E C R E T

MISSION RESUME

Mission Number 329 21 August 1945

1. Date: 14/15 August 1945

2. Target: Kumagaya Urban Area (90.13)

3. Participating Units: 313th and 314th Bombardment Wings.

4. Number A/C Airborne: 93

5. % A/C Bombing Primary: 87.09% (81 A/C)

6. Type of Bombs and Fuzes: M17 and M19, 500# incendiary clusters set to open 5000 feet above target, M47, 100# incendiary bombs with instantaneous nose and M56, 4000# G.P. bombs fuzed with proximity nose and non-delay tail.

7. Tons of Bombs Dropped: 593.4 tons

8. Time Over Primary: 150123K - 150239K

9. Altitude of Attack: 14,000 - 19,000

10. Weather Over Target: 0/10 - 5/10

11. Total A/C Lost: 0

12. Resume of Mission: Results were unobserved to excellent, with smoke rising as high as 15,000 feet. Eight A/C were non-effective. Nineteen A/C sighted visually and 62 by radar. Five E/A sighted did not attack. Heavy and light, meager and inaccurate flak encountered at primary target. Five B-29's landed at Iwo Jima. Average bomb load: 14,717 lbs. Average fuel reserve: 615 gallons.

S E C R E T

右頁の日本語訳

極　秘

作戦概要

作戦番号　329　　記　1945年8月21日

1. 実施日：1945年8月14日、15日
2. 標的：熊谷市街地
3. 参加部隊：第313　及び　第314　爆撃航空団
4. 参加機体数：93機
5. 爆撃機比率：87.09%　(81機)
6. 爆弾、及び起爆装置の種類：M17及びM15、500 発（標的上空5000フィートで焼夷性小型子弾（クラスター）が拡散する収束焼夷弾)、M47、100発（着弾と同時に起爆する焼夷弾)、M56、4000発（先端付近に起爆装置があり、着弾と同時に爆発する通常爆弾)
7. 投下爆弾重量：593.4トン
8. 作戦遂行時間: K標準時 15日午前1時23分～15日午前2時39分(日本標準時　15日午前0時23分～15日午前1時39分)
9. 攻撃高度：14,000フィート～19,000フィート
10. 標的上空の天候：10分の0～5（晴天～空の半分に雲がある状態)
11. 損失機体数：0
12. 作戦概要：煙が15,000フィートの高さまで上がったために、作戦結果を十分確認することはできなかった。作戦参加したうちの8機は効果を挙げられなかった。19機は目視にて、62機はレーダーにて、標的を確認した。確認された敵機は5機あったが、攻撃はしかけてこなかった。標的地において、大小の高射砲による、散発的で不正確な攻撃を受けた。5機のB-29が硫黄島に着陸した。平均爆弾搭載量：14,717ポンド。平均燃料残量：615ガロン。

- 熊谷空襲に関する米軍の報告書の一部です。8の作戦遂行時間ですが、日本時間では14日11時２３分～15日0時39分まで約76分間となります。
- 14,000フィートから19.000フィートは、約4,300 m～約5,800 mです。空襲による煙が約4,500 mまで上がったとしています。
- 平均爆弾搭載量14,717ポンドは約6,676kgです。
- 平均燃料残量615ガロンは約2,300Lです。
- 「作戦概要」は国立国会図書館のデータベースからダウンロードしました。

資料　1945（昭和20）年8月14・15日最後の空襲（全国版）

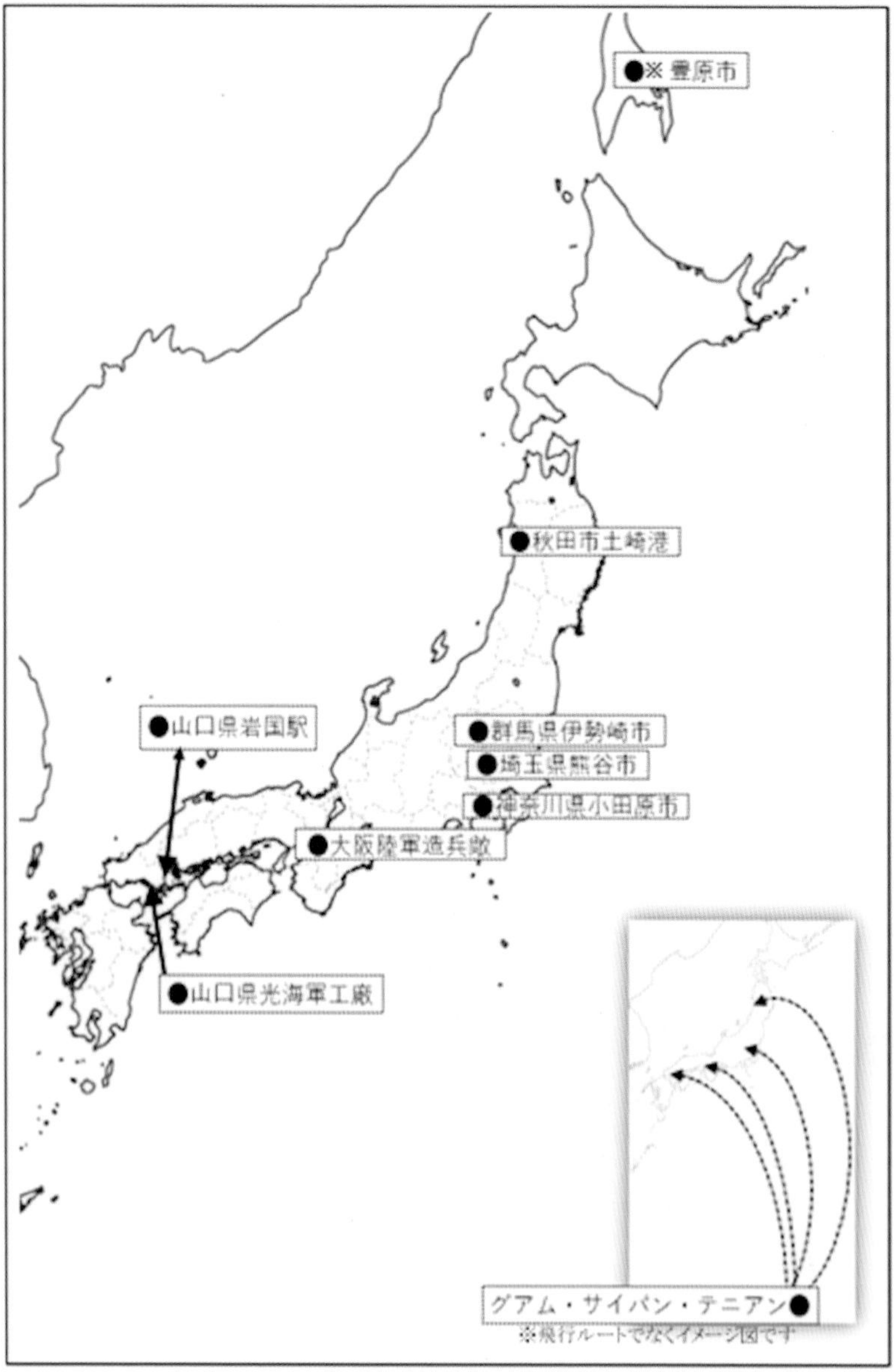

	都市名	空襲時刻	爆撃目標	空襲の概要
1	山口県 岩国市	14 日昼前から 25 分	岩国駅 麻里布操車場	B29 約 100 機により岩国駅一帯が爆撃され壊滅的な被害となる。死者 517 人、行方不明 30 人、負傷者 859 人、全壊家屋 543 戸、半壊家屋 343 戸、罹災者 5,911 人、当日爆撃するという伝単（ビラ）もあり逃げた人もいた。
2	山口県 光市	14 日 12 時 20 分から 13 時	光海軍工廠	B29 約 160 機による爆撃、5 波に渡る絨毯爆撃で死者 738 人（内訳；軍人 51 名、軍属 554 人、動員学徒 133 人）
3	大阪府 大阪市	14 日 13 時ごろ	大阪城内の大阪陸軍造兵廠	B29 約 150 機で爆撃、爆弾は北側の京橋駅にも落ち大きな被害となる。死者数は不明だが身元判明者 210 人以上、身元不明者は 500~600 人以上といわれている。
4	秋田県 秋田市	14 日 22 時 27 分から 15 日 2 時 39 分	日本石油秋田製油所 (土崎港周辺)	B29 約 130 機、死者 250 人以上、負傷者 200 人以上、建物の全焼 104 戸、半焼 6 戸、全壊 12 戸
5	埼玉県 熊谷市	14 日 23 時 30 分から 15 日 0 時 30 分	熊谷市街地	B29　89 機により、主に焼夷弾による空襲、死者 266 人、焼失家屋 3,630 戸、罹災者 15,390 人。
6	群馬県 伊勢崎市	14 日深夜から 15 日未明	伊勢崎市街地	B29　87 機よる主に焼夷弾による空襲、死者 29 人、負傷者約 150 人、焼失家屋 1,943 戸、罹災者 8,511 人。
7	神奈川県 小田原市	15 日 0 時から 3 時	小田原市街地	B29　5･6 機、死者 48 人、負傷者 40 人、全焼家屋 474 戸、罹災者 1,666 人、熊谷、伊勢崎空襲からの帰還の際、残留の爆弾を落としたという説もある。米軍の記録にない空襲。

- 上記以外、米軍の報告書では、七尾、下関海峡（西）、宮津、浜田にＢ 29 が機雷を投下している。
- 伊勢崎への空襲に際しては高崎も空襲された。本庄や深谷及び行田なども空襲されているが、これは熊谷空襲に参加したＢ 29 によるものといわれている。
- ８月１５日以降も空襲の惨禍に見舞われた場所もあった。8 月 22 日の昼下がり、樺太の豊原市を標的にしたソ連軍による空襲である。死者 100 人、焼失家屋 400 戸といわれている。

資料　熊谷地区学童疎開の状況（旧村含む）

	NO	受入先	現住所	疎開元	疎開日・引揚日	人数
熊谷	①	龍淵寺	上之 336	東京京橋区 (現中央区) 京華国民学校	疎開日 1944 年 8 月 27 日 引揚日 1946 年 3 月 10 日	123
	②	一条院	上之 2891-1			42
	③	長福寺	佐谷田 3488			22
	④	永福寺	佐谷田 404			21
	⑤	東竹院	久下 1634			37
	⑥	超願寺	平戸 470			22
奈良	⑦	集福寺	下奈良 551	東京京橋区 (現中央区) 昭和国民学校	疎開日 1944 年 8 月 29 日 引揚日 1945 年 12 月 1946 年 3 月	30
	⑧	長慶寺	中奈良 1955			34
	⑨	常楽寺	中奈良 1956			24
妻沼	⑩	能護寺	永井太田 1141			68
	⑪	医王院	妻沼小島 2770			43
江南	⑫	宝光寺	板井 973	東京京橋区 (現中央区) 築地文海国民学校		170
	⑬	常安寺	塩 420			
	⑮	満讃寺	小江川 827			
	⑮	保泉寺	小江川 1317			

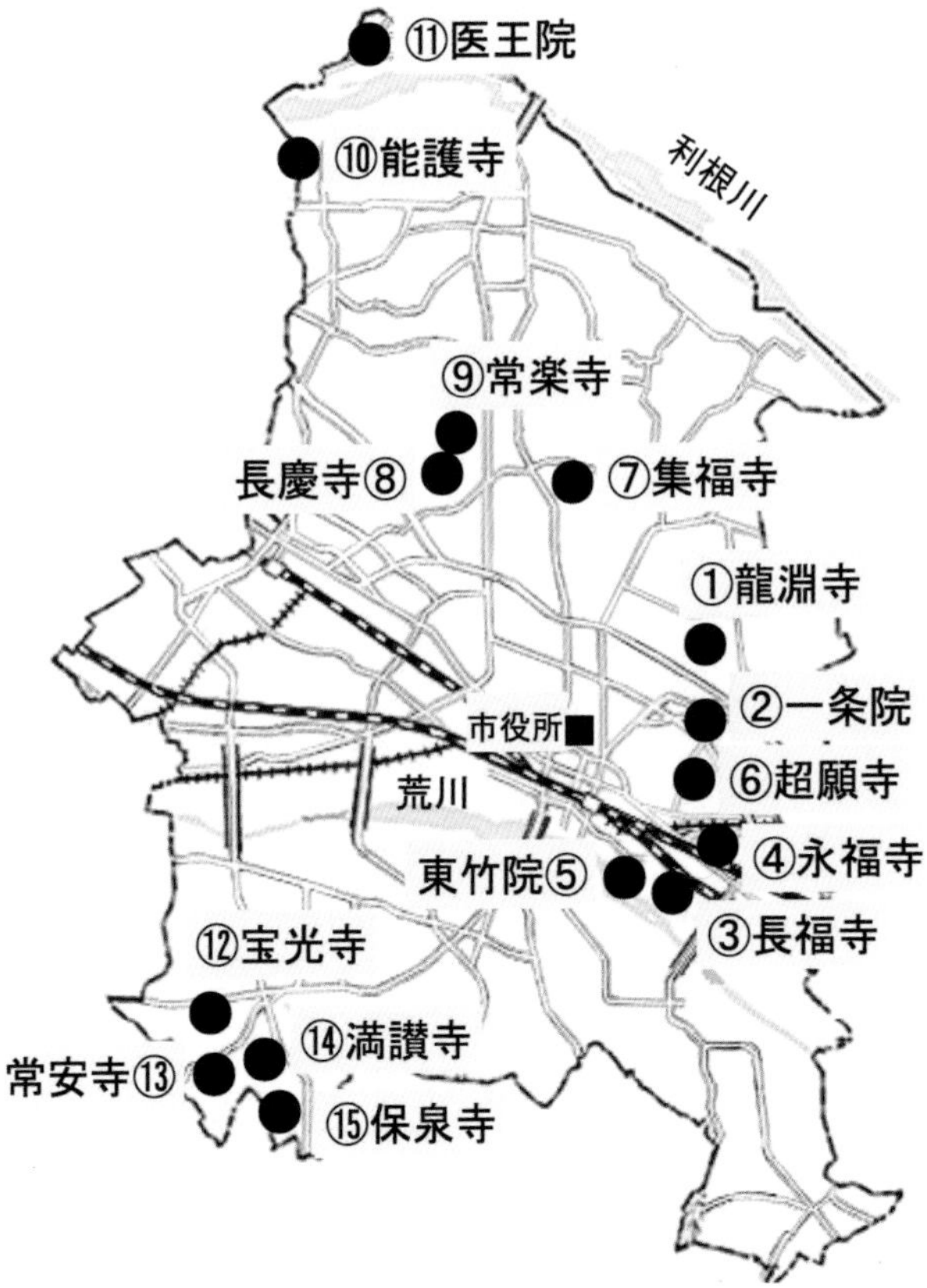

解説

1. 疎開元は東京都京橋区（現中央区）の国民学校の学童、疎開先は学寮と呼ばれていた。
2. 人数は出入りがあり変動している。
3. 東竹院と超願寺は熊谷空襲で焼失したが、学童及び先生たちは避難して無事だった。
4. 京華国民学校は廃校、昭和国民学校は現「中央区立城東小学校」、築地文海国民学校は現「中央区立築地小学校」
5. 築地文海国民学校の疎開日・引揚日、学寮（寺院）ごとの人数は不明

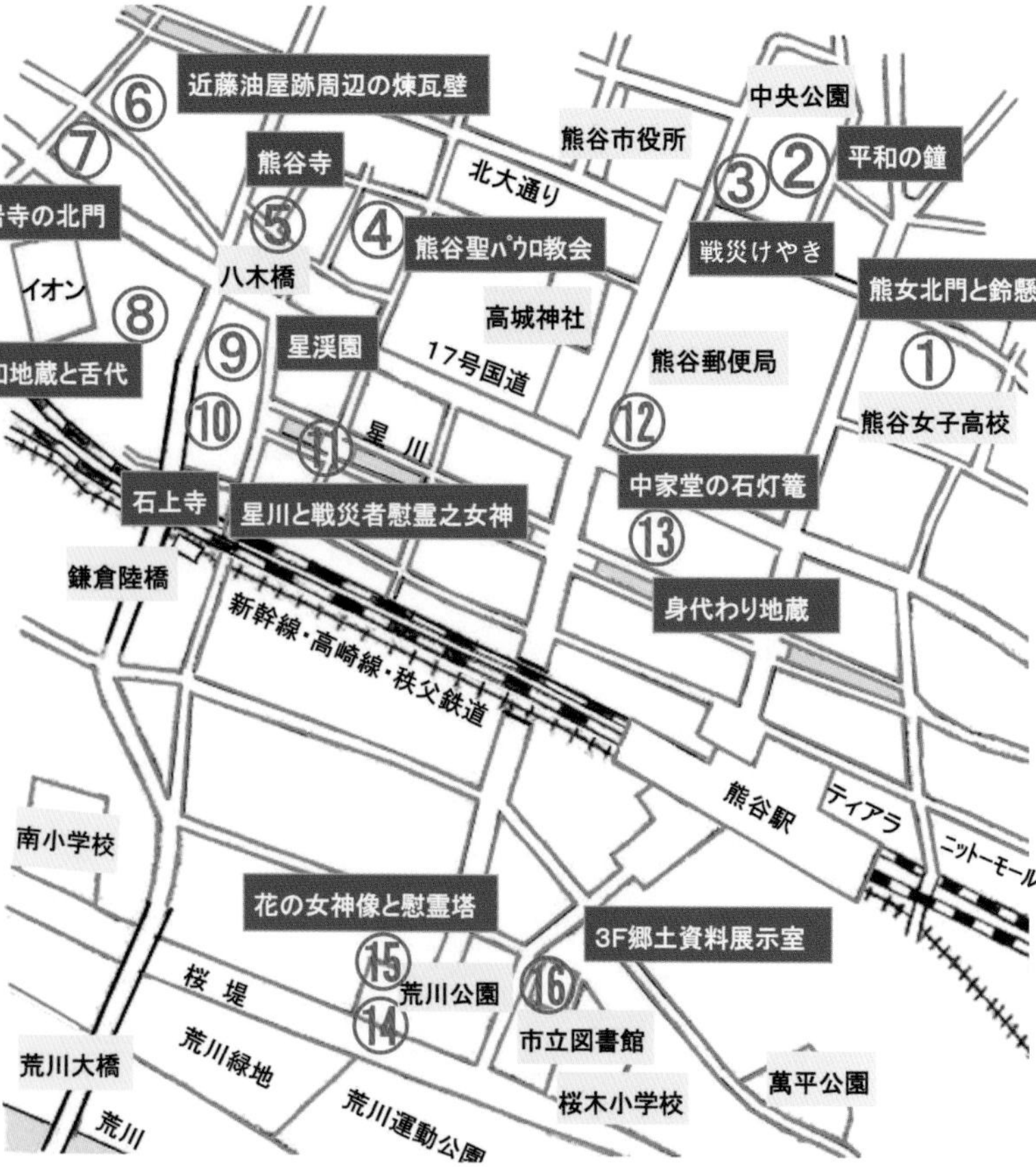

熊谷空襲戦跡１（市街地）

① 熊谷女子高北門と鈴懸の木

熊谷高等女学校（現熊谷女子高等学校）は、埼玉県内で唯一空襲により焼失した高校です。焼け残った校門が北大通りに面した北門として移築されています。校庭には鈴懸（プラタナス）の大木が、戦前、戦中、そして熊谷空襲、戦後と生徒たちを見守っています。空襲時には理研などの軍需工場に動員されていた遠方の生徒が寄宿舎に泊まっており防空壕に避難しましたが、先生の指示・説得で防空壕を出て肥塚方面に逃げ助かったそうです。そのほか同校には、海軍艦政本部の航空機部門が置かれ、中島飛行機の設計部隊とともに長距離攻撃機「連山」の設計が行われていました。また、理研の学校工場もあったそうです。戦後は、

近くにあった軍需工場の富士光機（現中央公園辺りにあり、林組製糸工場が軍需工場化）に保管されていた「戦陣訓」数十万冊を校庭で焼却したといいます。約一週間かかったそうです。敗戦後の証拠隠滅は熊谷でも行われました。

②③ 熊谷中央公園の戦災ケヤキと平和の鐘

熊谷市役所は、旧熊谷西国民学校（空襲により焼失した埼玉県唯一の小学校）の跡地に建ち、隣接する中央公園には、焼け残ったケヤキ8本が移植されています。公園のカナールには熊谷中央ライオンズクラブにより寄贈された「平和の鐘」があります。毎年8月6日、8月9日、8月15日には、この平和の鐘が鳴らされ、戦争犠牲者の冥福を祈り恒久平和を誓います。

④ 熊谷聖パウロ教会

1919（大正8年）年に、アメリカ人ウイルソンにより建設された聖パウロ教会です。建物は総煉瓦造りで、1923（大正12）年の関東大震災にも耐え、1945（昭和20）年8月14日～15日の熊谷空襲の被災を免れています。西側の熊谷寺が防火壁となったともいわれています。教会の北側には、当時市役所や公会堂などがありましたが空襲で焼失しています。

⑤ 熊谷寺《ゆうこくじ》

熊谷次郎直実ゆかりの寺院です。境内に植えられた木々により、本堂や鐘楼、聖パウロ教会や東側の住宅なども焼失を免れたといいます。空襲時は市民の避難所、救護所として、戦後は焼失した西国民学校や熊谷高等女学校の教室として使用されました。市民馴染みの寺院ですが、現在は残念ながら拝観が制限されています。17号国道の北側の熊谷寺から高城神社までは被害が少なく面として焼失を免れています。

⑥ 近藤油屋跡周辺に残る煉瓦壁

八木橋百貨店の西側一帯は、当時メインストリートだった旧中山道が通っていて、激しい空襲によりほぼ焼失しています。よく熊谷空襲の写真に使わ

れる近藤油屋の壁ですが、この辺りにありました。近くには今も当時の面影を残す煉瓦壁やコンクリート壁が焼け残っています。古い地図で確認すると近藤染工場および近藤油屋などが読み取れます。

⑦ 松岩寺《しょうがんじ》の北門

八木橋百貨店の西、一番街を進むと最初の信号の交差点手前に、南に入る細い参道と松岩寺の山門があります。この山門は空襲で焼け残った貴重な戦跡です。熊谷空襲で廃墟と化した市街地に近藤油屋の壁が焼け残っている写真（第1章参照）がありますが、中央に中山道が通っており、焼失した市街地の中に、この山門が確認できます。くまぴあの平和資料室に拡大された写真が展示されています。当時と今をつなぐ門といえると思います。

⑧ 厄除け平和地蔵と舌代

荒川大橋から北（太田）方面に向かうと、JR線や秩父鉄道を跨ぐ鎌倉陸橋があります。正面の八木橋百貨店や右側にある石上寺の本堂に目が行きますが、陸橋を下りきった左側にこの厄除け平和地蔵堂がひっそりと建っています。1957年（昭和32年）、市民有志が熊谷空襲で亡くなった人々の慰霊のために建立したものです。このお堂のまえに板の掲示板があり舌代と書かれています。舌代とは、口上書きのことで熊谷市民有志の思いが伝わります。残念ながら経年劣化が酷く文字を読むのは難しいですが、熊谷市の遺産として保存すべき貴重な戦跡と思います。一行ごとに判読を試みました。

舌代

顧るに昭和二十年
八月十四日夜半よ
り
翌十五日に亘り、
吾が熊谷全市
は火の海と化し、言語に絶する
混乱状態となりたり。
折しも星川の流れに身を投じて避
難せる人々は、川の両側に並ぶ家屋
の焼落ちる火と火との間にて、哀れ
にも狂い死をなしたる者多大なり。
又無残や大火傷を受け、薬石
効無く遂に尊い一命を失った者驚
く勿れ全市に於て其の数実に二百
有余名なり。そのお気の毒な方々の最
後を思いやり、情厚き全市有志の皆名
様と共にここに平和地蔵尊並火伏地蔵
と唱えて建立せしものなり、斯くのご
とき死
亡者の中には身寄り頼り無く不幸此
の上も無き霊魂の為に何卒一片の香花
を

手向け下さる様御願い申上げます。
昭和三十二年一月　熊谷市有志一同
　堂守　杵屋二十五代目　新井龍吉

⑨ 星渓園

かつて星渓園の玉の池は星川の水源でかなりの湧水がありました。しかし地下水の利用の増加と荒川の河床低下により地下水脈も低下してしまい、現在は地下水をくみ上げています。星川は、荒川の六堰から農業用水として引かれ、北大通の中央交番のところからパイプでこの玉の池の下を通り流れています。星渓園は、熊谷の発展に寄与した竹井澹如の別邸として造られた回遊式庭園で、現在は熊谷市が管理しており自由に散策できます。

⑩ 石上寺《せきじょうじ》

星渓園の隣にある石上寺は、熊谷桜で有名な寺院です。創建は1671年で、寺の縁起によると、1574（天正2）年北条氏邦（鉢形城主）がこの地に荒川の堤防を築き、その祈願寺として建てられたそうです。北条堤といわれた堤防は、松岩寺―石上寺―上熊谷駅から線路に沿って熊谷駅、万平公園方面に延びていました。石上寺は熊谷空襲で全焼しましたが、多くの戦跡が残されています。

●顔が焼けた弘法大師像や仏具
　弘法大師像は顔が焼けており、当時のまま保存されています。
●戦災ケヤキ
　しめ縄辺りに焼けた跡が残っていて、物言わぬ語り部として空襲の惨禍を今に伝えています。
●塀の瓦
　庭の境に屋根塀があり、本堂側より瓦が片面3枚ありますが途中から2枚に変わっています。2枚の部分が空襲で焼けて修復したところです。

⑪ 星川と戦災者慰霊之女神

多くの市民が犠牲になった星川の上に建立された戦没者慰霊之女神は、長崎平和公園にある平和祈念像の作者としても有名な北村西望作です。碑文には「**慰霊碑建立について**　熊谷市は昭和20年（1945年）太平洋戦争終戦前夜の8月14日空襲をうけ一夜にして當時の市の三分の二が焼土と化し260余名の方が悲惨な最後を遂げま

した。特に市の中央部を流れる星川には一齊にあがった火の手に逃げ場を失った人人が飛び込み焼け崩れた家の下敷となり百人近い方が焼死しました。けれどもあの痛ましい戦災の記憶や思い出は年と共にうすれ忘れられてまいります。よって被災三十周年を迎えるに當り由緒ある星川上に碑を建立して永く慰霊と平和を祈る灯といたします。**昭和五十年八月十六日　慰霊碑建立奉賛會**」と記されています。女神像の裏には、空襲により亡くなられた266名の名前が刻まれています。

戦後の昭和25年8月16日から毎年、犠牲になった人々の霊を慰めるために、灯篭流しが行われています。

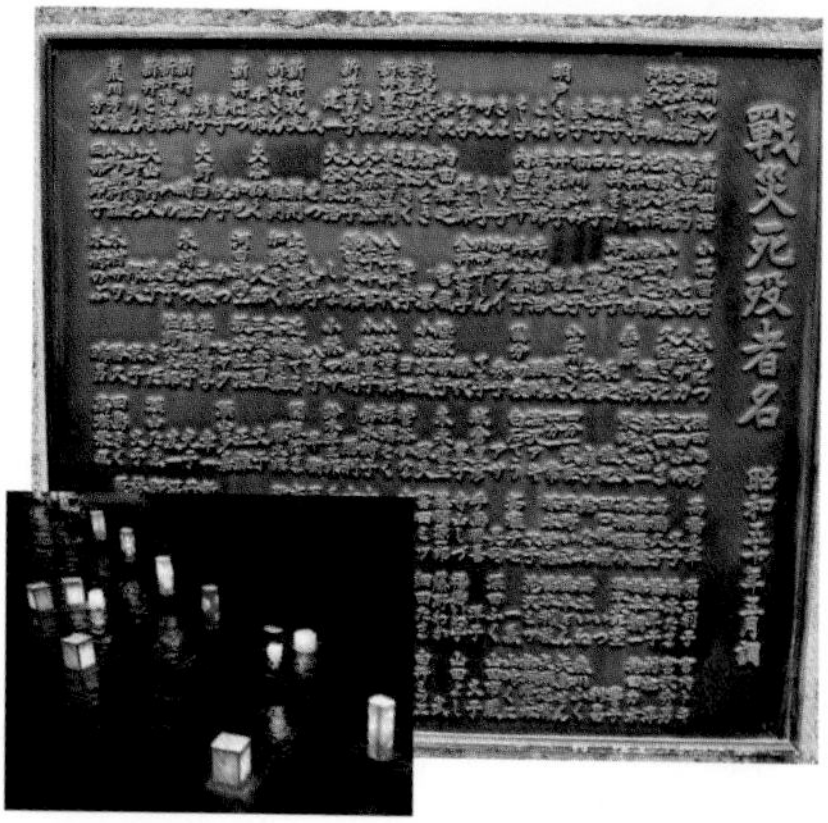

⑫ 中家堂駐車場石灯篭

市役所通りと17号国道の交差点角にあるヘアーサロンの北に、中家堂が熊谷空襲の戦跡として、空襲で焼けた石灯篭を公開しています。説明版によると、「熊谷空襲と石灯篭のこと

昭和20年（1945年）八月十四日、この熊谷の町はアメリカの戦闘爆撃機B29からの爆撃を受け、辺り一面が焼け野原となった。あれから幾星霜、見事に復興を遂げた町中には、あの日の惨禍を物語る遺構は全くと言っていいほど残っていない。唯一つ、この石灯篭のみがここに立つ。空襲を受けた晩、当店の看板であった石灯篭は、土蔵が軒並み崩れる程の業火に炙られた。明治中期に造作された右の灯篭は、宝珠、笠、火袋、中台、棹、露盤の六部から成っていたが、これらは全て紅蓮の炎と熱風に倒れ散った。宝珠と笠に残る黒い焦げ跡は、焼夷弾によるものである。時を経て再建の際、失った中台と棹が新しく造られた。大規模な区画整理が行われたこの場所に、元の姿で戻ってこられたことをさぞかし喜んでいるに違いない。今日、戦の痕跡を留める石灯篭は昔日の姿の儘、物言わぬ語り部となる。未来永劫、あの夏の記憶をここに結ぶ。　某年八月　中家堂」とあります。

⑬ 身代わり地蔵

熊谷空襲で焼失した久山寺の跡地の一画に、空襲や戦地で亡くなった戦争犠牲者の慰霊のため、民間実業家によって建てられたお地蔵様です。これも後世に残したい貴重な戦跡だと思います。当時、久山寺の身代わり地蔵は有名で多くの方が参詣していたそうです。お地蔵さまは今の場所とは違い、東に山門があり、その参道付近にあったそうです。駅前通りと市役所通りの中間で南北に延び、市場などもあり市民の生活道路だったのでしょう。空襲後の復興計画では取り残された感が強いですが、この身代わり地蔵は場所を変え星川を見つめています。

⑭⑮ 荒川公園の花の女神像と慰霊塔

荒川公園にある花の女神像と慰霊塔です。女神像の台座には「奉仕の精神で　世界平和を」と揮ごうされています。熊谷市文化連合会長や熊谷市教育委員長などを歴任した里見明正氏が制作、恒久平和の願いが込められています。慰霊塔は、銘板「建立の経」によると、西南の役から太平洋戦争で戦死した熊谷市出身の軍人軍属一千九百余柱を祀っています。軍人・軍属なので熊谷空襲で亡くなられた市民はいないのでしょう。しかし「人類の平和」も明記されています。全体的な表現は時代を反映したものですが、これも戦争遺跡と言えるでしょう。

⑮ 市立図書館３Ｆ「郷土資料展示室」

市立図書館3階の郷土資料展示室に熊谷空襲の展示コーナーがあります。空襲時を再現した模型など一気にタイムスリップさせてくれます。また、節目には3階美術展示室では熊谷空襲の企画展示が催されます。ちなみに2020年7月18日～8月30日までは〝戦後75周年〟〝第30回熊谷平和展〟「熊谷空襲とその前後の時代展」が開催されました。市立図書館2階には熊谷空襲に関する書籍コーナーがあります。

戦跡ウォーキング

（約6km　3時間コース）

スタート

①市立図書館3階郷土資料展示室、熊谷空襲のコーナー（熊谷空襲のイメージを付けてスタート。熊谷駅を通り抜け駅前通り（ラグビーロード）をまっすぐ進み、北大通り「熊谷女子高前」交差点を右折。）

②熊谷女子高校の北門　当時を偲ぶ煉瓦の門柱と鈴懸の大木を確認。ラグビーロードに戻り、北大通りを渡り、末広の交差点（中央のケヤキが目印）を左折し、中央公園に入る。途中にニシダ飴がある。

③中央公園の平和の鐘と移植されたケヤキ　中央公園を東から入ると左のカナールに平和の鐘がある。市役所方面に向かうと移植されたケヤキの大木がある。公園を出て市役所通りを17号国道の方に進む。

④中家堂駐車場の石灯籠　軍配せんべいをほおばりながら掲示板を読むなんてどうでしょう。市役所通りの横断歩道を渡り市役所の方に戻り、高城神社の北側を西に進む。

⑤聖パウロ教会と熊谷寺　基本的に聖パウロ教会には入れるが熊谷寺は入れない。八木橋百貨店の角を曲がり、一番街を慈恵病院方面に最初の信号まで進む。

⑥近藤油屋周辺の煉瓦壁と松岩寺の山門　17号を渡り歩道を東に進み、カノーヤの所の信号を右折。

⑦平和地蔵と舌代　舌代を読んでみよう。信号を渡り星渓園に入る。

⑧星渓園と石上寺　星渓園の東口から出て南に進み石上寺に入る。見学が終わったら山門を星川方面に向かう。

⑨戦災者慰霊之女神像　亡くなった市民の慰霊も忘れずに、あとは星川に沿って東に進む。

⑩身代わり地蔵　コース最後の戦跡。

ゴール（熊谷駅）

熊谷空襲戦跡２（広域）

① 集福寺裏山（下奈良５５１）

妻沼街道下奈良地区にある集福寺は、とげ抜き地蔵で有名な巣鴨の高岸寺の本寺にあたります。戦時中は京橋区（現中央区）昭和国民学校の学童が疎開していました。裏山には陸軍通信隊が駐留しており、隣の奈良国民学校の中島迪武校長が「市民のつづる熊谷戦災の記録」に8月14日午後2時頃、裏山から出てきた通信兵が「先生、さっきアメリカでは『日本が全面降伏した。戦争は終わった。』としきりに放送していますよ」とささやいたとの記述があります。中島校長によると、この通信隊は関東以北の通信網を握っていた隊で、森の中には縦横に電線が張り巡らされ、隊員は天幕を張って生活していたといいます。

② くまぴあ（原島315）

旧熊谷市立女子高校で、現在は熊谷市スポーツ文化村として使われています。この建物の「創作展示棟」1階に平和資料展示室があります。戦時中の様子を撮した写真や熊谷空襲で廃墟になった市街地の写真などが展示されており、アニメも自由に見ることができます。

③ 航空自衛隊熊谷基地と御稜威ヶ原工業団地

地元では「三尻飛行場」とも言われた、旧陸軍熊谷飛行学校の敷地跡は、現在、航空自衛隊熊谷基地や日立金属、JFE建材、熊谷自動車検査登録事務所、自動車試験場などになっています。敷地の一部は深谷市にかかっていて、旧陸軍熊谷飛行学校のスケールの大きさを知ることができます（約300万㎡）。自衛隊敷地内には、1938（昭和13）年、天皇行幸のおり当時の学校長だった江橋英次郎中将が詠んだ和歌の碑があり、御稜威ヶ原の名前もここから名付けられました。（第1章参照）。なお天皇行幸に際して、熊谷飛行学校から籠原駅まで道路幅は2mから8mに拡張されたそうです。ここから約1万人の飛行士が巣立ち、特攻隊として散っていった飛行士も多くいます。そのほか、現在の籠原団地辺りにはグライダー滑空場が造られ、深谷駅前にあった美津濃（スポーツ用品の）の軍需工場では、グライダーを製造していました。より簡便なグライダーで特攻しようとしていたのでしょうか。

熊谷飛行学校は、航空防空緊急計画に基づき設置され、海の霞ヶ関の予科練に対する陸の少年飛行兵教育のメッカとして誕生します。当時この地は、三尻村と深谷市、武川村（現深谷市）で「熊谷」ではありませんでした。三尻村は三尻飛行場を予定していましたが陸軍は「熊谷」を譲らなかったため、

村民大会が開かれ、敷地の不売と熊谷商品の不買を決議し紛糾したそうです。熊谷飛行学校開設のエピソードの一つです。戦後は進駐軍のベースとなりました。

④ 掩体壕跡など（旧小原陸軍飛行場）

旧小原陸軍飛行場は、小原地区の高台に造られており、今は農地や山林、住宅、埼玉県農業技術研究センターなどになっています。そして、この埼玉県農業技術研究センターの向きが滑走路の方向を示しているといいます。立正大学の西側から長さ1800m、幅100mほどの滑走路が小川県道を越えて伸びており、誘導路や掩体壕が配置されていました。現在でも掩体壕跡が確認できます。河岸段丘を切り開き造られた飛行場は、近隣住民はもちろんのこと、国民学校や熊谷の中学、高校の生徒、朝鮮の労働者（70～100人）も動員されていたといいます。旧式の飛行機が10機ほど配備されていたそうですが、熊谷空襲前日（8月13日）に米軍艦載機グラマンの攻撃を受けて全機破壊されています。米軍は既に反撃能力を無くしていた日本軍の状況は分かっていたと思いますが、潰せるリスクは全て潰して用意周到に熊谷空襲を行ったということでしょう。

なお、最近では本書にも協力いただいた県立小川高等学校の社会研究部が調査しており、旧小原飛行場を再現した模型が江南の総合文化会館ピピア（江南公民館）に展示してあります。

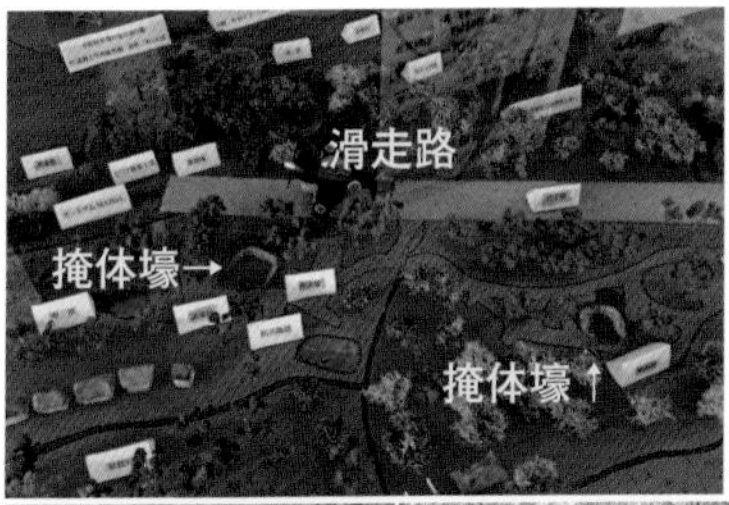

⑤ 見性院（万吉797）

熊谷空襲は市街地の被災ばかり取り上げられますが、郊外にも相当数の焼夷弾が投下されています。村岡・万吉地区も例外でなく見性院は焼失しています。「市民のつづる熊谷戦災の記録」によりますと、本堂は医務室になっており8月13日小原飛行場への攻撃で亡くなった兵士及び負傷兵を収容していて、熊谷空襲時には入院していた兵士と逃げた様子が記載されています。どこの家も火柱となっていて逃げ道がふさがれたとあり、農村地帯も空襲を受けており、被害状況も推察できます。

⑥ 東竹院（久下1834）

東京京橋区（現中央区）京華国民学校の学童疎開を受け入れた東竹院も

空襲で焼失しました。詳しくは本文第二章「高校生が体験者に聴く熊谷空襲」の森田隆夫さんへのインタビューを参照してください。運良く疎開していた学童の被害者は出ませんでしたが、それ以降も一条院や龍渕寺に分散され疎開を続けました。

⑦ 福聚院 （太井2248）

熊谷空襲の空爆が開始されたのは市郊外の地区からで、福聚院も焼失しています。梵鐘は金属供出でなくなり、現在の梵鐘は高崎の寺院名が入っているそうです。（本書第一章参照）「市民のつづる熊谷戦災の記録」によりますと、110戸に満たない太井で十数棟全焼、焼失は防いだものの倒れた棟数多くとあり、死者や負傷者のことも書かれています。

⑧ 金錫寺 （戸出1077）

旧中山道と旧行田往還道そして上之方面に抜ける道は、当時は重要な交通ルートだったと思います。星川は市街地を抜けるとこの金錫寺脇を行田方面に流れていきます。この辺りも激しく空爆され金錫寺も焼失しています。小さなお寺ですが墓地の手前に「平和観音」の石碑が建てられています。

⑨ 超願寺 （平戸470）

金錫寺の少し北に位置する超願寺には、東京京橋区（現中央区）京華国民学校の学童が疎開していました。熊谷空襲で焼失していますが、疎開児童の被害はありませんでした。寺院の由来を記した石碑に空襲のことが刻まれています。当時の主要道路であった行田往還、この平戸地区も空襲で多くの家が焼失するなど被害にあっています。

⑩ リケン （理研工業熊谷工場：末広4丁目14－1）

現在も広大な敷地を有していますが、主力のピストンリング生産部門はインドネシアに移転して研究所の他は閑散としています。当時は戦闘機のピストンリングを作るなど中島飛行機の主力部品工場として、最大で約5000名が働いていたそうです。多くの市民、学生が勤労奉仕、勤労動員され働

いていました。熊谷空襲では郊外でしたが、B29の侵入経路にもあたり約60%が空襲により焼失しています。

⑪ 龍淵寺（上之336）

国道17号熊谷バイパスの北に位置する龍淵寺は徳川ゆかりの寺院です。戦時中は東京京橋区京華国民学校の生徒が疎開しており、その記録も残されています。境内の梵鐘近くには記念碑があります。

「学童集団疎開之碑」は「龍の子会」によって2007年9月に建立されました。地元成田国民学校の生徒と机を並べたのは、3～6年生、123人。1944年8月から敗戦後の3月まで、当時25歳の河合徳司訓導は毎晩お話会を開き、寮歌を作って歌ったり子らのために心を尽くしました。除幕式に集った皆さんは、イナゴ採りや落ち穂拾い等の作業の思い出を語っています。元成田公民館館長の龍前宏さんを世話役に、二校の交流は長く続き、「学童疎開五十周年記念誌」発行や北部戦争展での体験発表などを行っています。祈念碑には「恒久平和祈念　学童集団疎開之碑『その名も高き　龍淵の　古松聳ゆる　学舎の　庭につどひし　はらからは　勇みに勇む　百余名』」と刻まれています。

⑫ かめの道

秩父鉄道上熊谷駅のホーム北側は、1983（昭和58）年に廃線になった東武熊谷線が使用しており、現在でも線路跡は確認できます。その先は「かめの道」遊歩道となり、第二北大通まで続いています。1943（昭和18）年に中島飛行機工場に資材と工員を運ぶために作られた軍事鉄道で、利根川の橋脚は造られたが敗戦により未完成に終わりました。戦後は熊谷駅と妻沼駅まで市民の足として、車両はかめ号と親しまれました。ところで戦時中の記録には、ゼロ戦などの部品を運ぶ手段ですが、意外に荷車や馬車などを使っていたとの記述があります。近隣住民を動員して突貫工事で造られたようですが、十分機能していたのかわかりません。

⑬ 熊谷航空工業他軍需工場

現在では当時の様子を知ることはできません。米軍の報告書にも記載されていますが、熊谷は中島飛行機を中心とする軍需ネットワークの拠点で、市内にあった多くの製糸工場や染工場なども飛行機部品工場へと転換させられました。ここでは、熊谷空襲前の米軍調査で工場内の建物が個別に捉えられていた熊谷航空工業など、大きな軍需工場のあった場所を記します。

・熊谷航空工業

荒川中学の北側で秩父鉄道まで、現在は太平洋セメントやＪＲの社宅、秩父コンクリート工業熊谷工場、湯楽の里などとなっている一帯で、最盛期には約３５００人が働いていたそうです。

・武蔵航空工場

秩父鉄道石原駅の南で、現在のベルク赤城町店周辺。熊谷航空工業の西側。

・東京製綱熊谷工場

広瀬地区に、米軍の事前調査資料にマークされている広大な敷地があります。調べると、渋沢栄一が関与していた東京製綱が１９４３年12月に工場を建設しています（１９４５年には閉鎖）。現在の熊谷商業高校を中心とする一帯で、海軍艦政本部などとも取引があったようです。主にワイヤーロープなどを生産していました。

・片倉製糸石原工場と熊谷工場

⑬と関係はないのですが、実はこの２つの工場とも米軍の事前調査で、市街地にある中島飛行機の部品工場と位置づけられています。片倉製糸石原工場（現イオン）は空襲で被災しておらず、熊谷市街地の東端にあった熊谷工場は焼失しています。場所は、17号国道と北大通りの交差点で稲荷神社の東です。現在は団地などになっています。この熊谷工場は当時軍需工場に転換されていたそうです。

「熊谷空襲を忘れない市民の会」の歩み

熊谷空襲から七十五周年という節目を迎えるにあたり、「熊谷空襲を忘れない市民の会」(以下、「会」という)からスピンオフする形で記念誌出版が企画がされた。編集委員には、この会以外にも企画に賛同した市民が加わり編集委員会を構成し作業を進めた。ここでは、母体となった会の歩みを記すことで、熊谷における平和活動の一端を知っていただきたい。なお賛同人は、熊谷出身の作家森村誠一氏をはじめ二〇二〇年八月十五日時点で百二十五人を数える。

会の誕生

二〇一五(平成二十七)年の五月十四日、国家安全保障会議及び閣議において、平和安全法制関連法案を決定し、翌日衆議院と参議院に提出した。同日、国家安全保障会議及び閣議において治安出動・海上警備等の発動手続きの迅速化に関わる決定をした。

これに対し、日本は再び戦争をする国になるのではないかという不安をもった熊谷市内に住む母親四人は国に対して法案の廃案を求める請願書を熊谷市へ提出した。

この時、会の名称を「熊谷空襲を忘れない平和について考える会」とした。その後、「熊谷空襲を忘れない市民の会」と改称する。毎月誰でも参加できる定例会を行い、イベントの企画や会報「星川だより」の発行など市民の学びの場となった。以下は、これまで開催してきた本会のイベントおよび「熊谷平和講座」の記録である。ささやかであるが活動の一端を知っていただけたら幸いである。

『星川だより』賛同人向け情報誌を定期的に発行

2020年10月 Vol 15

星川だより

10月

熊谷空襲を忘れない市民の会　会報

八月は反戦平和の月、戦争犠牲者への慰霊と二度と戦争を起こさない誓いの月として、各地で様々な催しが企画されます。しかし今年は、コロナ禍で多くの催しが中止を余儀なくされました。そのような状況下でしたが、私たちは感染防止に配慮し、熊谷平和講座の拡大版として講演会を実施しました。熊谷空襲から七十五周年という節目の年にあたり、事務局では、どのような形であれ開催しようということで一致しました。

●日にち　八月二十三日(日)
●場所　熊谷市緑化センター
●講師　加藤一夫氏「戦後という時代〜戦後七十五年を考える」
●講師　大井教寛氏「熊谷空襲とその時代」

当日は、緑化センターの新型コロナウイルス感染拡大予防ガイドラインに沿って人数制限(予約制)や密を避け換気、消毒などを行い、異例の開催となりましたが、制限人数いっぱいの盛況でした。星川だより十月号には、ご参加いただいた西堀氏の寄稿を掲載します。

戦後七十五周年記念講演会に参加して

西堀邦雄

母が若かったころ、火の海(本人はそう言ってた)の中を熊野神社の方へ、線路伝いに職場の寮の同僚たちと必死になって逃げた、と子どものころからよく聞かされていました。

そのことが私の空襲観を形づくったのかなと思います。特別なものではなく、空気のように意識するようなものでもありません。教養のひとつとして知っていたほうがよいという程度のものだったように思います。

大井教寛さんが語ってくださった、空襲の記録、被災にあった方の証言、調査して判明した関連史跡などから、熊谷空襲はどういうものだったのか知ることができたと思います。

全住戸の40%にあたる民家か焼失した、人々の日々のくらしになくてはならない学校、役所、銀行、工場などはあの場所にあったのか、そして今そこは別の建物になっているんだ。かけがえのない一人一人の命、二百六十六人の尊い生命が断たれたんだ。わかっているこれらの事実が空襲というものの真実なんだと、気づかせてくれました。そして、熊谷陸軍飛行学校はやられなかったとは、何ということか。

戦闘員ではない一般市民を狙った殺人行為そのものです。爆弾や焼夷弾を落とせば多くの人間の命や未来を奪うことになるのは明らかです。あえてそれを実行したのです。犯罪であり罪を償うべきです。空襲は戦争によって引き起こされます。戦争を「指導」した者、国家は犠牲になった方々と遺族に責任をとって謝罪し、救済すべきでしょう。戦地で生命を落とした兵だけが戦争犠牲者ではないでしょう。

そんなことを投げかけたお話だったと思います。

熊谷空襲七十五周年記念「最後の空襲・熊谷」出版のお知らせ

計画では八月十四・十五日に合わせて発売する予定でしたが、新型コロナウイルス感染拡大により、当プロジェクトは約四カ月中断され計画通りの出版ができなくなりました。しかし、七月からどうにか再開することができ、出版予定日を十二月八日に変更し編集作業を進めています。

そんな中、八月十五日の埼玉新聞と東京新聞に、熊谷女子高校で行った、熊谷空襲体験者に高校生がインタビューする様子が大きく取り上げられました。編集メンバー大いに勇気づけられた次第です。

今回の出版プロジェクトの目玉企画で、熊谷女子高校のほか小川高校と伊奈学園総合高校の生徒がインタビュア

「星川だより」15号より。2020年　8月23日に開催したイベントの様子など掲載

ーとして、体験者から戦争・空襲の記憶を聴き、その内容と感想を綴ってもらいました。

そのほか、熊谷で文化活動を担っている方々の座談会などバラエティーに富んだ内容になっています。正式の発売日および価格など決まり次第お知らせします。（編集部）

2020年の灯ろう流し

小川美穂子

戦後七十五年のこの夏。さまざまな夏の恒例行事が中止となって寂しいものがありました。当然、星川の灯ろう流しも中止と発表されましたが、十五日の敗戦記念日に伺った石上寺で、こじんまりと法要を行うと教えていただきました。

八月十六日五時半、星川に行くと、まだ明るい中で、関係者が立ち働き、戦災者慰霊之女神像の前に祭壇が設えられています。石上寺住職と円照寺の若住職のお二人が着席して読経が始まりました。来賓は富岡清熊谷市長、藤間憲一熊谷市観光協会会長、大久保和政熊谷商工会議所会頭。関係するスタッフらが静かに周りを囲んでいました。毎年のことながら、ここで亡くなった空襲被災者のことを思いながら、未だに世界各地で戦争が行われている人間社会の矛盾に思い巡らせます。

普段なら親子連れや、近所のお年寄りなどが参加して、ボランティアの中学生や商店街の方々が作った灯ろうを流すわけですが、ごく簡単に来賓が石上寺住職が用意した灯ろうを流して終わりました。天台宗では経木を流すのがしきたりということです。こうして静かな送り盆が終わりました。

思えば、私が灯ろう流しに参加するようになってから、主催者もスタイルもいろいろと変わりました。地元の星川保勝会が会員高齢化により運営に携われなくなってから、政教分離だから熊谷市は主催者にはなれないということで、熊谷市観光協会や商工会婦人部などが後を引き受けていました。なかなか難しいものがあったようで、開催を危惧するという新聞記事が出た年もありました。そんな中でも、一九五〇年からずっと続いてきた灯ろう流しです。来年はどうなるでしょうか。

今年、熊谷空襲について改めて調べていてよくわかったことは、埼玉県唯一の戦災復興都市となった我が町で、市の職員らが県の指導の下に国とのパイプ役である政治家らと一丸になって街の復興に当たったということでした。それと共に、思い出すのは、文化の復興を特に子どもたちのためにと尽くした人たちのことです。その中心になったのは熊谷寺・石上寺・円照寺の先代住職、ヤノ薬局の矢野泰介さんなどでした。私は熊谷市文化連合のマークが好きです。平和のシンボル、鳩がモチーフとなっています。

折しも、平和を願う人たちの一つのシンボルであった「アベ政治を許さない」スタンディングが終わりました。新総理が決まっても、私たちの国はたくさんの矛盾を抱えたままです。平和を願い行動することがまちづくりと連動するような、そんな熊谷であってほしいです。

熊谷平和講座

熊谷平和講座は新型コロナウイルス感染防止に配慮し、会場のガイドラインに従い予約制（人数制限）で再会しています。10月の講座は下記により開催予定です。

●「人種差別を考える」（BLM運動の歴史的背景）講師　加藤一夫さん

●日にち　10月24日（土）9:30〜

＊＊ お知らせ ＊＊

当会共同代表の米田主美さんが詩集「私が生まれた日」を出版しました。米田さんは熊谷空襲の日に生まれました。お父さんは特攻で出たままその五か月前に戦死しています。育ててくれたお母さんへの感謝とお父さんへの思慕、空襲犠牲者への鎮魂と平和への願いが込められています。

●出版社　東方社

●価　格　一八〇〇円

〜　カンパのお願い　〜

熊谷空襲を忘れない市民の会では、広く活動費用を募るため口座を開設しました。ご協力のほどよろしくお願いします。

なお、会計報告はこの紙面により行います。

ゆうちょ銀行

口座記号・記号：00100-7-265321

加入者名：熊谷空襲を忘れない市民の会

口座名称カナ：クマガヤクウシュウヲワスレナイシミンノカイ

他行からの振り込みの場合は

店名（店番）：０一九店（019）

預金種目　：当座

口座番号　：0265321

会計報告（2020/2/5〜2020/9/27）

収　入：45,404円

支　出：23,193円

残　高：136,026円

編集委員　吉田庄一　米田主美

連絡先　吉田庄一（090-4957-9181）

メール　imajn241@gmail.com

HP　http://www.peace-kumagaya/org/

イベント等

2015年6月15日　荒川公民館　「熊谷空襲を忘れない・平和について考える会」が発足
　　11月21日　荒川公民館　「熊谷空襲を忘れない市民の会」と、改称する
2016年1月30日　学習会『絵本「新・戦争のつくりかた」のお話会』〜共著者　山本ひろ子さんと語ろう〜
　　5月15日　荒川公民館　映画「標的の村」上映会
　　8月14日　カフェ「みんなの家」　朗読「顔」〜沖縄戦を生き抜いた女の半生〜
　　　　　　女優　谷　英美氏（協賛）
　　11月6日　勤労会館　映画「ザ・思いやり」上映会
2017年4月16日　荒川公民館　講演と朗読「熊谷空襲とアウシュビッツ」
　　　　　　講師　野村路子氏　　自作詩朗読　中原道夫氏
　　8月27日　荒川公民館　講演「パレスチナの人々を想う」フルートの演奏とガザの報告
　　　　　　講師　金子由佳氏
　　　　　　フルートの演奏・佐藤加奈世氏　ギター演奏・茂木伸夫氏
2018年4月22日　荒川公民館　講演「戦争を伝える・戦争をしない」〜メディアの記憶〜
　　　　　　講師　永田浩三氏
　　8月18日　緑化センター　講演「体験者に聞く熊谷空襲」
　　　　　　〜戦争を知らない人たちへのメッセージ〜
　　　　　　紙芝居　清水昭治氏　講師　戦争体験者　高城三郎氏・小林留美子氏

２０１９年３月23日　1階ホールではパネル展示
緑化センター
在宅ライフ倶楽部『太田初子講演会「夢は流されない」』とのリレーイベント
「被ばく地からのメッセージ」～ビキニとフクシマ～
基調講演、コーディネーター　加藤一夫氏
現地報告　高橋次男氏（ビキニ報告）　桑原正人氏（福島浪江からの報告）
1階ホールでは絵画とパネル展示
8月25日　荒川公民館
講演「熊谷空襲と東京大空襲」～常夏記者の取材ノートから～
講師　毎日新聞記者　栗原俊雄氏
12月10日　現地見学「第五福竜丸展示館」
２０２０年３月７日　緑化センター　講演「福島原発事故から9年、放射能汚染の現状は？」
※本講演は、ＣＯＶＩＤ‐19　感染拡大防止のため中止

熊谷平和講座　講師　加藤一夫氏（静岡福祉大学初代学長・平和学）

２０１８年２月12日　第1回「平和をつくる」平和とは何か
3月31日　第2回「日本国憲法9条と平和」
4月28日　第3回「日本の「安全保障」体制と平和」
5月27日　第4回『「核の傘」と平和』傘は役に立つのか

6月21日　第5回「原発事故（被ばく）と平和」核の平和利用をめぐって（総論）
7月18日　第6回「空爆の歴史と空襲被災者」2018年の夏に（1）
8月11日　第7回『「敗戦」と「終戦」：「8・15」の神話』2018年の夏に（2）
9月15日　第8回「核兵器禁止条約：成立過程、課題、展望」条約の批准を目指して
10月14日　第9回「外交と平和」日本の戦後外交政策を検証する
11月17日　第10回『「明治150年」を考える』日本の近代史をどうとらえるか
12月15日　第11回『危機に立つ「民主主義」』「代議制民主主義」の行方
2019年1月19日　第12回『「戦争」について考える：過去、現在、未来』平和のための「戦争論」
2月16日　第13回「宗教と平和」社会や政治を動かす宗教について考える
3月16日　第14回「戦後平和運動の出発点」ビキニ事件65年
4月21日　第15回「ナショナリズムを考える（民族問題総論）」国家と民族の関係をめぐって
5月12日　第16回『「代替わり」を考える』天皇・天皇制について皆で議論しよう
6月9日　第17回「移民・難民・外国人労働者問題」ナショナリズム・民族問題各論（1）
7月13日　第18回「空爆の歴史と空襲被災者（再論）」2019年の夏に向けて
8月17日　第19回「戦後ゼロ年（1945年）出発点に立ち戻る」2019年夏に
9月7日　第20回「ポピュリズム」その意味・役割・功罪を考える
10月14日　第21回「戦後日韓関係を総括する」歴史の構図と関係構造を理解する
11月16日　第22回『「戦後民主主義」を検証する』「歴史認識」と「戦争・戦後責任」の視点から
12月7日　第23回「ベルリンの壁崩壊から30年」冷戦終結と現在の世界情勢
2020年1月13日　第24回『「北朝鮮」問題を考える』

〜朝鮮民主主義人民共和国（北朝鮮）と向き合うために〜
2月22日　第25回「気候変動と国際社会」〜COPをめぐる国際交渉と気候非常事態運動〜
※COVID‐19　感染拡大防止のため3月〜6月は中断
7月18日　第26回「感染症・パンデミックをめぐって　世界史からの視点」
8月23日　第27回（拡大熊谷平和講座）
1部「戦後という時代」戦後75年を考える（講師　加藤一夫）
2部「熊谷空襲とその時代」（講師　熊谷市立熊谷図書館学芸員大井教寛）

賛同人
故金子兜太さんからの手紙

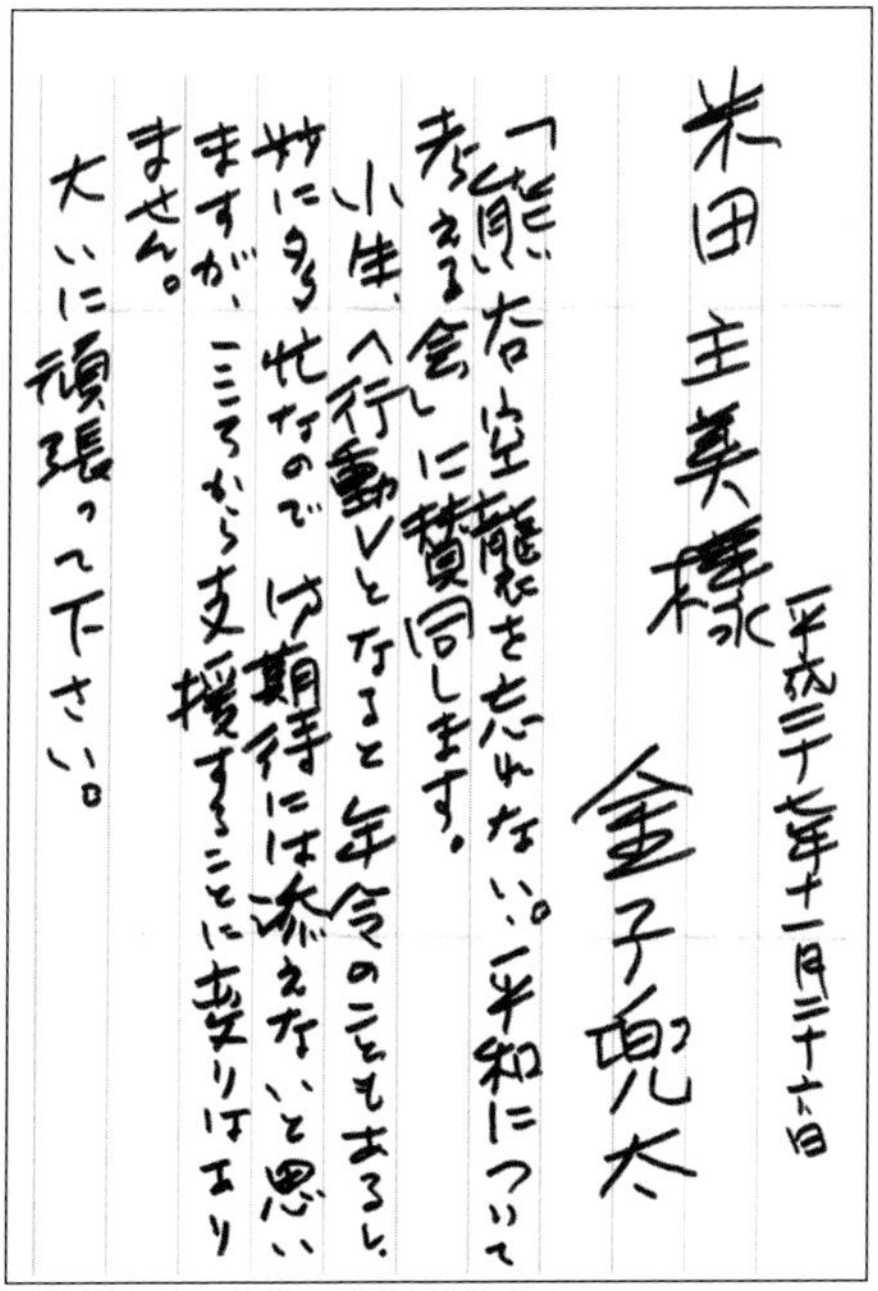
米田主美様
平成二十七年十一月二十六日
金子兜太
「熊谷空襲を忘れない・平和について考える会」に賛同します。
小生、行動となると年令のこともあるし、特に多忙なので御期待には添えないと思いますが、こころから支援することに変りはありません。
大いに頑張って下さい。

あとがき

中央公園の市役所側出入口を囲むようにケヤキの大木がある。熊谷空襲で焼失した熊谷西国民学校から移植された戦災ケヤキである。このケヤキと少しの空間をおいて、まるで対面するがごとく金子兜太の「利根川と荒川の間雷遊ぶ」の句碑がどっしりと構えている。私は、熊谷を地形的なスケールと雷を荒ぶる神々のいたずらのように切り取ったこの句が好きだ。最近では、夏の暑さが全国区になり、どういうわけか雷はあまり遊ばなくなった。

利根川のような大河の流れを時間軸に置き換えると、私たちの人生はほんの一瞬かも知れないが、歴史の流れに生きた軌跡をしっかり残しているのである。そしてこの歴史に翻弄され、本来の生を全うできず不本意に斃れた人たちはあまりにも多い。熊谷空襲で亡くなった二百六十六人も数字ではなく、二百六十六人それぞれに顔があり、生活があり人生があった。日本軍の空襲で亡くなった重慶の人たちも又しかりである。

私が熊谷空襲のことに興味を持ったのは、義父から聴いた次のような話だった。一九四五年八月一四日、当時義父は、熊商の生徒でいつものように自転車で石原の軍需工場に行った。勤労動員で毎日飛行機の部品づくりに通っていたのだという。出勤するとこの日は様子が違い、みんな一箇所に集められ、明日で戦争が終わることと、今夜熊谷に空襲があることを伝えられ帰宅させられたそうだ。にわかに信じられなかったが、家族や隣近所に伝え、自分は父と肥塚に逃げ熊谷空襲の模様を遠くから眺めていたという。昼間のように明るくなり熊谷の街は紅蓮の炎に覆われこの世の終わりを感じたという。自宅は筑波町で星川も近くに流れていたそうで、夜が明け帰ると家は焼失していたという。

では、こういった情報を熊谷市民は知っていたのかというとそうではなかった。熊谷市文化連合の「市民がつづる戦災の記憶」などの記録を読むと、知っていた人は極めて少なかった。私は、何故このような重大な情報に歪みが生じ、死傷者が多く出たのか疑問に思ったが、これが戦争末期の現実なのだろう。社会全体を覆い尽くした戦時体制の下、極端な情報統制と抜け穴。私は、市立図書館などで関連する書籍を中心に少しずつであるが、調べることにした。そんなことがきっかけで、熊谷空襲七十五周年出版プロジェクトに参加することになった。

本書は、既に出版されている多くの体験談や研究書ではなく、熊谷空襲を如何に受け継いでいくのか、未来にどう繋げていくかという視点で取り組むことにした。目玉の一つは高校生の熊谷空襲体験者へのインタビューだ。これには、小川高校の社会研究部のみなさんに参加していただけることを端緒に実現できた。彼女たちは小原飛行場の調査をして冊子に纏めるなどの活動を展開していた。もう一つは、熊谷の地元で活躍されている文化人の座談会を企画したことだ。ざっくばらんに語り合うことで、熊谷空襲や戦争を浮かび上がらせることができたと思う。

漠然とした目標を掲げただけで大海に漕ぎ出す感は否めなかったスタート。私たちは、調べ議論を重ねながら多くのことを学んだが、さらなる疑問点や不明なことも多く壁にぶつかり羅針盤は目標を失うこともあった。それでも九十歳前後となっても元気に当時のことを語ってくれた体験者の皆さん、インタビューを引き受けてくれた高校生と先生方、熊谷の地で文化的な活動をけん引している方々のご協力もあり着地点も定まってきた。積み残したことも多かったが、それは今後の課題としたい。

編集が佳境に入った頃、新型コロナウイルス（COVID‐19）がパンデミックとなり、わが国においても緊急事態宣言が出され、人の移動や生産活動がストップするという事態に陥った。我々のプロジェクトも中断を余儀なくされた。しかし、なんとしても今年中には発行したいという、関わっていただいた方々の熱意にも押され、どうにか出版することができた。この間ご協力いただいた多くの方々、社会評論社松田社長およびスタッフの皆様に感謝申し上げる。本書が熊谷空襲を未来に受け継ぐ道しるべになれば幸いである。

熊谷空襲七十五周年記念出版編集員会

事務局長　吉田庄一

熊谷空襲 75 周年記念出版プロジェクト編集委員

事務局長
吉田庄一

大井教寛
大久保由美子
小川美穂子
加藤一夫
米田主美

イラストレーター
佐通真由美

埼玉県文化振興基金

『最後の空襲　熊谷』の出版は埼玉県文化振興基金 2020 年度助成金を受けています。

最後の空襲 熊谷
8月14・15日 戦禍の記憶と継承

2020 年 11 月 10 日初版第 1 刷発行
編　者／熊谷空襲を忘れない市民の会
（熊谷空襲 75 周年記念出版プロジェクト）
＊事務局　〒 360-0018 熊谷市中央 2-255　事務局長　吉田庄一
発行者／松田健二
発行所／株式会社　社会評論社
〒 113-0033　東京都文京区本郷 2-3-10　お茶の水ビル
電話　03（3814）3861　FAX　03（3818）2808
印刷製本／倉敷印刷株式会社
ご意見・ご感想お寄せ下さい　book@shahyo.com